Timoteo y Tito

Serie «Conozca su Biblia»

Timoteo y Tito

por Aquiles Ernesto Martínez

Augsburg Fortress

MINNEAPOLIS

SERIE CONOZCA SU BIBLIA: TIMOTEO Y TITO

Todos los derechos reservados © 2008 Augsburg Fortress. Con excepción de una breve cita en artículos o análisis críticos, ninguna parte de este libro puede ser reproducida en ninguna manera sin antes obtener permiso por escrito del publicador o de quienes son dueños de los derechos de reproducción.
Este volumen es parte de un proyecto conjunto entre la casa editora, la División de Ministerios Congregacionales de la Iglesia Evangélica Luterana (ELCA) y la Asociación para la Educación Teológica Hispana (AETH), Justo L. González, Editor General.
Excepto cuando se indica lo contrario, el texto Bíblico ha sido tomado de la versión Reina-Valera 1995. Copyright © Sociedades Bíblicas en América Latina, 1995. Usado con permiso.

Diseño de la cubierta: Diana Running; Diseño de libro y portada: Element, llc

ISBN 978-0-8066-8018-7

El papel usado en esta publicación satisface los requisitos mínimos de la organización American National Standard for Information Sciences—Permanencia del Papel para Materiales Impresos, ANSI Z329.48-1984.

Producido en Estados Unidos de América.

SERIE CONOZCA SU BIBLIA: Timothy and Titus

Copyright © 2008 Augsburg Fortress. All rights reserved. Except for brief quotations in critical articles or reviews, no part of this book may be reproduced in any manner without prior written permission from the publisher. Visit http://www.augsburgfortress.org/copyrights/contact.asp or write to Permissions, Augsburg Fortress, Box 1209, Minneapolis, MN 55440.
This volume developed in cooperation with the Division for Congregational Ministries of the Evangelical Lutheran Church in America, which provided a financial grant, and the Asociación para la Educación Teológica Hispana, Series Editor Justo L. González.
Except when otherwise indicated, scripture quotations are taken from the Reina-Valera 1995 version. Copyright © Sociedades Bíblicas Unidas, 1995. Used by permission.

Cover design: Diana Running; Book design: Element, llc

The paper used in this publication meets the minimum requirements of American National Standard for Information Sciences—Permanence of Paper for Printed Library Materials, ANSI Z329.48-1984.

Manufactured in the U.S.A.

Esta serie

«¿Cómo podré entender, si alguien no me enseña?» (Hechos 8.31). Con estas palabras, el etíope le expresa a Felipe una dificultad muy común entre los creyentes. Se nos dice que leamos la Biblia, que la estudiemos, que hagamos de su lectura un hábito diario. Pero se nos dice poco que pueda ayudarnos a leerla, a amarla, a comprenderla. El propósito de esta serie es responder a esa necesidad. No pretendemos decirles a nuestros lectores «lo que la Biblia dice», como si ya entonces no fuese necesario leer la Biblia misma para recibir su mensaje. Al contrario, lo que esperamos lograr es que la Biblia sea más leíble, más inteligible para el creyente típico, de modo que pueda leerla con mayor gusto, comprensión y fidelidad a su mensaje. Como el etíope, nuestro pueblo de habla hispana pide que se le enseñe, que se le explique, que se le invite a pensar y a creer. Y eso es precisamente lo que esta serie busca.

Por ello, nuestra primera advertencia, estimado lector o lectora, es que al leer esta serie tenga usted su Biblia a la mano, que la lea a la par de leer estos libros, para que su mensaje y su poder se le hagan manifiestos. No piense en modo alguno que estos libros substituyen o pretenden substituir al texto sagrado mismo. La meta no es que usted lea estos libros, sino que lea la Biblia con nueva y más profunda comprensión.

Por otra parte, la Biblia —como cualquier texto, situación o acontecimiento— se interpreta siempre dentro de un contexto. La Biblia responde a las preguntas que le hacemos, y esas preguntas dependen, en buena medida, de quiénes somos, cuáles son nuestras inquietudes, nuestra dificultades, nuestros sueños. Por ello, estos libros escritos en nuestra lengua por personas que se han formado en nuestra cultura y la conocen. Gracias a Dios, durante los últimos veinte años ha surgido dentro de nuestra comunidad latina todo un cuerpo de eruditos, estudiosos de la Biblia que no tiene nada que envidiarle a ninguna otra cultura o tradición. Tales son las personas a quienes hemos invitado a escribir para esta serie. Son personas con amplia experiencia pastoral y docente, que escriben para que se les entienda, y no para ofuscar. Son personas que, a través de los años, han ido descubriendo las dificultades en que algunos creyentes y estudiantes tropiezan al estudiar la Biblia —particularmente los creyentes y estudiantes latinos. Son personas que se han dedicado a buscar modos de superar esas dificultades y de facilitar el aprendizaje. Son personas que escriben, no para mostrar cuánto saben, sino para iluminar el texto sagrado y ayudarnos a todos a seguirlo.

Por tanto, este servidor, así como todos los colegas que colaboran en esta serie, le invitamos a que, junto a nosotros y desde la perspectiva latina que tenemos en común, se acerque usted a estos libros en oración, sabiendo que la oración de fe siempre recibirá respuesta.

Justo L. González
Editor General
Julio de 2005

Contenido

Esta serie	iv
Introducción	1
1. **Primera a Timoteo**	31
2. **Segunda a Timoteo**	67
3. **A Tito**	107
Bibliografía selecta	135

Introducción

I. Las cartas pastorales

El nombre de *cartas* o *epístolas pastorales* (o simplemente *las pastorales*) es el que los expertos en el estudio del Nuevo Testamento han utilizado por muchísimos años para referirse a tres escritos, con algunas instrucciones teológicas y prácticas, que el Apóstol Pablo escribió a dos de sus compañeros de ministerio y líderes claves del movimiento cristiano del primer siglo de nuestra era. En orden de aparición, estas cartas son Primera y Segunda a Timoteo y Tito. Derivan sus títulos de los nombres propios de sus destinatarios principales respectivamente (1 Ti 1:1; 2 Ti 1:1; Tit 1:1). Como parte del largo y complejo proceso de formación y edición de la lista de libros sagrados a la que eventualmente se llamó el Nuevo Testamento (o Nuevo Pacto), la iglesia creó y asignó estos títulos a esas tres cartas. Desconocemos, sin embargo, quién fue la persona responsable de ello o cuándo, dónde y cómo esto se llevó a cabo. De todos los libros en el Nuevo Testamento, aparte de la carta dirigida a Filemón, las pastorales son las únicas cartas dirigidas a *individuos*. A pesar de esta distinción, no por ello debemos concluir que son cartas exclusivamente privadas. El radio de lectores es tan amplio como sus interpretaciones y enseñanzas.

Las pastorales se encuentran en la segunda división principal de la Biblia, es decir, el Nuevo Testamento. A la primera división se le llama el Antiguo Testamento. Más específicamente, las pastorales son parte de las trece epístolas paulinas, y están ubicadas en el orden del canon entre la Segunda carta a los Tesalonicenses y la epístola a Filemón, siendo ésta la última carta del cuerpo literario atribuido a Pablo. Por supuesto, al decir esto no incluimos en la lista "A los Hebreos", la cual es una pieza literaria que, en algún momento, algunos en la tradición temprana de la iglesia atribuyeron a Pablo y que sigue en orden a la carta a Filemón. El orden en que las pastorales aparecen en el Nuevo Testamento no tiene que ver con su orden de importancia dentro del canon o el tiempo en el que fueron escritas. El principal criterio para tal orden fue, más bien, de índole práctica. Por lo general, los escribas cristianos que copiaron los manuscritos de las pastorales las colocaban juntas, no sólo por asunto de temática y destinatarios afines, sino también por su extensión; es decir, de mayor a menor. Esto les permitía hacer un mejor uso del material y asegurarse de que todas las pastorales cupieran en un solo manuscrito o pergamino. Por eso, Primera a Timoteo, que es la más larga, está colocada primero, mientras que Tito aparece después, por ser la más corta de todas. En medio de las dos, los escribas pusieron Segunda a Timoteo.

La frase "las cartas pastorales" nos dice algo importante sobre su carácter literario y su función. En primer lugar, son *cartas* porque, en cuanto a contenido, forma y propósito, estos documentos, según los expertos, están escritos de acuerdo al *género epistolar*. Hacemos la salvedad de que los manuscritos originales (es decir, aquellos que conforman el texto matriz sobre el que nuestras traducciones modernas se fundamentan) no incluyen la palabra "carta" o "epístola" en los títulos dados a estos tres documentos. Tratando de limitar la interpretación lo más posible, en el proceso de revisión, los editores antiguos sólo insertaron al comienzo de cada una de ellas los títulos "Primera a Timoteo", "Segunda a Timoteo" y "A Tito", respectivamente. En segundo lugar, estas tres epístolas son *pastorales* porque están dirigidas *a dos pastores* del movimiento cristiano temprano y, por lo tanto, fueron o han sido muy útiles en la formación pastoral de otros líderes durante y después del momento histórico en que fueron escritas. A la luz del evangelio y la doctrina cristiana, en ellas Pablo toca asuntos prácticos y teológicos que equipan a Timoteo y a Tito para encaminar a las iglesias bajo su cargo.

Introducción

Por allá por el siglo trece de nuestra era, el gran teólogo Tomás de Aquino (1225-1274 d. C.) fue uno de los primeros en reconocer el lugar central que estos documentos daban a la tarea pastoral y al liderazgo eclesiástico. Pero fueron los teólogos alemanes del siglo dieciocho quienes acuñaron la frase "epístolas pastorales" y la comenzaron a popularizar. A partir de entonces, y por razones de conveniencia, se les ha conocido de esta manera, particularmente, entre los estudiosos del Nuevo Testamento. Tanto los clérigos como los laicos, interesados en el trabajo pastoral, encontrarán en estas cartas una mina de información sobre las creencias principales de la fe cristiana, el orden eclesiástico y el rol de varios grupos dentro de las comunidades de fe, la ética cristiana, las relaciones maestro-discípulo, los falsos maestros y sus enseñanzas, el movimiento cristiano, las responsabilidades del creyente para con la sociedad y muchas cosas más.

Al estudiar estas cartas de cerca nos damos cuenta de que, aunque cada documento tiene algunos rasgos muy particulares, las tres tienen mucho en común. Aparte de haberse originado de la pluma del mismo autor, existen afinidades en el desarrollo de temas teológicos y éticos, las circunstancias históricas que motivan su escritura, la naturaleza y función pastoral de sus destinatarios, el propósito general, el uso de palabras y frases claves, la gramática, el estilo, etc. Por estas razones, debemos estudiarlas como una unidad literaria.

II. Autoría

¿Quién escribió las pastorales? ¿El Apóstol Pablo o un grupo de sus seguidores luego de la muerte de éste? En el caso de que las cartas sean auténticas, ¿es acaso posible que Pablo haya sido "el autor intelectual" y otra persona, su "secretario", es decir, alguien a quien Pablo haya dictado sus ideas? Todo esto es uno de los asuntos más controvertidos en el estudio del Nuevo Testamento. Los escritores cristianos de la iglesia posterior al Nuevo Testamento creyeron en la paternidad paulina de las pastorales. No obstante, el asunto ha sido debatido en los últimos doscientos años y el debate ha girado en torno a dos posiciones, con una que otra variación entre ellas: hay quienes afirman que Pablo fue su autor y escritor (o que Pablo fue su autor pero utilizó a un amanuense) (*la interpretación tradicional*), y hay quiénes atribuyen la paternidad de estas cartas a un discípulo o grupo de fieles seguidores del apóstol después de su muerte (*la interpretación antitradicional*).

Los argumentos a favor y en contra de estas hipótesis son variados detallados y complejos, y muchas veces llegan hasta la especulación. No es mi propósito detenerme aquí para desglosar el estado actual del debate sobre la paternidad literaria de las pastorales. La literatura especializada en el tema es abundante, y es posible acudir a ella para formarse criterios propios y adoptar una posición personal. Pero, dado que la autoría de las pastorales es un asunto crítico para su interpretación, es necesario compartir algunas observaciones preliminares sobre este tema.

Desde que las epístolas pastorales fueron finalmente incorporadas en el canon del Nuevo Testamento, allá por el siglo cuarto, la iglesia institucional creyó casi dogmáticamente que Pablo había sido el único autor de las pastorales. No fue sino hasta el siglo diecinueve de nuestra era, que esta posición comenzó a ser desafiada. El análisis crítico de la Biblia, luego de la Edad Media, llevó a muchos estudiosos del Nuevo Testamento a notar una unidad literaria en Primera y Segunda a Timoteo y Tito. Pero al compararlas con las otras epístolas consideradas como paulinas (por ejemplo, Romanos, Primera y Segunda a los Corintios, Gálatas, Filipenses, 1 Tesalonicenses y Filemón), los expertos detectaron considerables omisiones, inconsistencias o discrepancias en las cartas pastorales con respecto a las otras atribuidas al apóstol. El mismo procedimiento se siguió con la Segunda carta a los Tesalonicenses, Efesios y Colosenses. A partir de ese entonces, los estudiosos de la Biblia empezaron a desarrollar una serie de "criterios" para establecer y evaluar, con relativa confianza, la autenticidad de los libros de la Biblia, particularmente, los del Nuevo Testamento.

A la hora de discutir la paternidad literaria de cualquier libro bíblico, los eruditos hoy día se enfocan en dos tipos de evidencia: *la evidencia externa* y *la evidencia interna*. Bajo el renglón de "evidencia externa" se clasifica, por ejemplo, a todo documento histórico *fuera* de la Biblia cuya información es útil para determinar el origen de cualquier escrito bíblico. También se le presta atención a la circulación geográfica de estas fuentes extrabíblicas. La "evidencia interna", por otro lado, tiene que ver con la información que encontramos *en* o *dentro* del documento bíblico que se está estudiando. Bajo este segundo tipo de evidencia, se

Introducción

presta atención a asuntos de tipo literario (vocabulario, género, o forma de comunicación, y estilo), conceptual (ideas o teología) e histórico (datos sobre eventos, personajes, circunstancias, fechas, etc.).

Después de evaluar tanto la evidencia interna como la externa, muchos estudiosos, sobre todo algunos de los pensadores más liberales, han concluido que Pablo no escribió las pastorales. Pero haciendo uso de una metodología similar y respondiendo a los cuestionamientos de los críticos, otros pensadores, sobre todo algunos de los más conservadores o evangélicos, han reafirmado la posición tradicional de que Pablo es el autor. Los argumentos en apoyo al primer punto de vista pueden resumirse en cinco.

1. Las epístolas pastorales no aparecen en las primeras listas de libros atribuidos a Pablo cuando se estaba formando el canon del Nuevo Testamento. Por ejemplo, el Papiro 46 del siglo tres (el códice más antiguo que agrupa copias de las cartas de Pablo) no las incluye. Marción de Sinope (100-160 d. C.), maestro gnóstico-cristiano, considerado como hereje por la iglesia del siglo dos, no incluye las pastorales en el canon del Nuevo Testamento, que él mismo creó; sólo incluyó en éste su propia versión de Lucas y las otras diez cartas de Pablo. A diferencia de otros escritos paulinos, no se reconoce a las pastorales como paulinas sino hasta finales del siglo dos de nuestra era. Unos cuantos autores cristianos del segundo siglo parecen haber utilizado las pastorales. Entre los más renombrados están: Clemente de Roma (ca. 95 d. C.), Ignacio de Antioquía (ca. 110 d. C.), Policarpo de Esmirna (ca. 110 d. C.) y otros. Ya para mediados del segundo siglo, líderes como Ireneo de Lyon (130-195 d. C.), Tertuliano de Cartago (155-220 d. C.) y Clemente de Alejandría (150-215 d. C.) las consideraron como paulinas y hablaron de su contenido favorablemente. Las pastorales aparecen, por primera, vez, en el canon Muratoriano del siglo dos (la lista más antigua que poseemos de los libros de la Biblia).

2. El vocabulario, los conceptos teológicos y el estilo utilizados en las pastorales, son muy diferentes a la información que encontramos en las llamadas "cartas auténticas paulinas": Romanos, 1 y 2 Corintios, Gálatas, Filipenses, 1 y 2 Tesalonicenses y Filemón. Se estima que hay cerca de 360 términos que sólo se encuentran en las pastorales, aunque otros eruditos hablan de 176. Por otra parte, existe cierto vocabulario típico y conceptos que Pablo utiliza en sus otras cartas, que no aparecen en las pastorales o que tienen otro significado. Por ejemplo, sólo en las pastorales se habla de la "la aparición" o "manifestación" del Salvador (2 Ti 1:10; Tit 2:13; 3:4, 6; cf. Filp 3:20), Cristo como "Salvador, Dios" (Tit 2:10), "amor a los hombres" (Tit 3:4), el comportamiento cristiano como "piedad" o "religión" (1 Ti 2:2; 3:16; 4:7), "la sana enseñanza" o "doctrina" (1 Ti 1:10; 2 Ti 4:3), la fe como depósito de enseñanzas (1 Ti 3:9; 6:10), credos (1 Ti 3:16) y poemas (2 Ti 2:11-13). La imagen de Pablo como "perseguidor de la iglesia" parecer ser inconsistente (1 Ti 1:13; cf. Gl 1:14; Filp 3:4-6). Para reforzar estas observaciones, el vocabulario y los conceptos son propios del segundo siglo del mundo greco-romano, el cual la iglesia fue asimilando paulatinamente. Según algunos, no hay precedentes sobre esto en tiempos de Pablo. Se dice también que, en contraste con el estilo argumentativo de las otras cartas paulinas, las oraciones en las pastorales son abruptas, están agrupadas en forma de paralelismo, son largas y tienden a utilizar el modo imperativo; también encontramos muchas disgresiones o paréntesis. Para concluir, se dice, también, que el uso de las partículas y las conjunciones no es tan variado como en las otras epístolas paulinas.

3. Las circunstancias históricas en que la función pastoral haber surgido no encajan bien con las circunstancias de la vida de Pablo, que conocemos a partir de otras cartas y del libro de los Hechos. Por ejemplo, no existe evidencia explícita en las pastorales que permita corroborar o ubicar cronológicamente dentro de los viajes misioneros de Pablo, y antes de su encarcelamiento en Roma (Hch 28:17-31), las referencias personales que Pablo hace en las pastorales a experiencias o lugares en Grecia y Asia Menor (1 Ti 1:3, 5, 20; 3:12-14, 20; 4:13; 2 Ti 1:18; 4:9-21; Tit 3:12). Además, no hay datos que testifiquen que el apóstol haya sido liberado de su prisión en Roma y encarcelado, por segunda vez, en esa ciudad (2 Ti 4:16), como afirman los tradicionalistas.

4. Las pastorales parecen reflejar condiciones históricas propias del segundo siglo, sobre todo, en lo referente a la estructura y organización eclesiástica, la naturaleza y el ejercicio del liderazgo cristiano, y los nuevos desafíos a la fe cristiana entre los gentiles. Por ejemplo, en las pastorales se habla de la existencia de obispos, ancianos o presbíteros y diáconos (1 Ti 3:1-16; Tit 1:5-9); el tratamiento adecuado de las viudas (1 Ti 5:3-16); y la proliferación de falsos maestros a los cuales hay que

Introducción

contraatacar, particularmente, los de tendencias gnósticas (1 Ti 1:3-11; 2 Ti 3:1-9; 4:3; Tit 1:10-16).

5. Sobre la base de esta información, muchos expertos creen que, después de la muerte de Pablo, un grupo de sus discípulos escribió las pastorales, quizá entre el 90 y el 120 d. C. En reacción a quienes utilizaban a Pablo para enseñar falsas doctrinas, este grupo, fiel a Pablo, buscaba restablecer el orden en la fe, la adoración y las prácticas morales de las iglesias, presentando a un Pablo más "conservador". Para lograr estos objetivos, estas personas utilizaron *la seudonimia*, es decir, la práctica de publicar escritos "en nombre de" algún personaje del pasado a quien se respetaba mucho. Este recurso estilístico permitía a los autores reproducir los pensamientos de sus maestros, aunque estos estuvieran muertos. Por ejemplo, en el Judaísmo existen libros escritos entre el 250 a. C. y el 200 d. C. que llevan los nombres de Enoc, los Patriarcas, Daniel y otros. En la literatura cristiana tenemos como ejemplos a Santiago, Segunda de Pedro, Judas, la Enseñanza de los Doce (más conocida como la *Didajé*). Esta misma estrategia literaria la encontramos en los evangelios (Mateo, Marcos, Lucas y Juan, aun cuando éstos no mencionan quiénes fueron sus autores) y los hechos apócrifos. Se propone, entonces, una especie de "escuela paulina", el objetivo de la cual fue preservar el legado teológico y ético del Apóstol Pablo. Esta postura explicaría la falta de mención de las pastorales en otros documentos cristianos y las diferencias de pensamiento, lenguaje y estilo con respecto a las epístolas paulinas auténticas. También permitiría explicar las similitudes entre las pastorales y otros documentos del segundo siglo, la estructura y organización de la iglesia y la estratificación del liderazgo cristiano. Desde este punto de vista, las pastorales no son cartas verdaderas, ni tampoco van dirigidas a Timoteo y a Tito, sino que son *creaciones literarias*.

Parte de mi escepticismo acerca de la postura "antitradicional", es que se construye sobre argumentos de silencio, utiliza una lógica cuyas premisas e inferencias son cuestionables y especula mucho. Por otro lado, creo que la autoría paulina es defendible, no sobre la base de lo que la tradición de la iglesia ha creído por siglos, por conservadurismo teológico, o porque es la solución más cómoda, sino porque puede defenderse usando el sentido común. También hay que considerar aspectos relativos a los cambios personales, el ciclo de la vida humana (la vejez y las limitaciones del caso, por ejemplo), la re-socialización cultural y otras variables que nos ayuden a entender mejor la producción de literatura en la época del Nuevo Testamento. A la luz de estos y otros criterios, quisiera señalar algunos puntos en defensa de la interpretación tradicional, pero añadiéndoles unos matices nuevos:

1. La falta de circulación temprana de las pastorales entre las iglesias y la demora en la aceptación en el canon del Nuevo Testamento puede explicarse razonablemente. El hecho es que, si se toman literalmente, se trata de cartas dirigidas a *individuos*, no a iglesias o grupos de iglesias, como es el caso de las otras epístolas paulinas (exceptuando a Filemón). Por tratarse de personas individuales, estos documentos, por lógica, requerirían mucho más tiempo para su circulación geográfica, popularización y eventual aceptación. Esta observación, creo yo, también explicaría por qué algunas de las listas más antiguas de las cartas paulinas no las hayan incluido.

2. Me parece que la erudición neotestamentaria ha minimizado la función de los secretarios en la escritura del género epistolar, y ha limitado mucho el concepto de autoría. Por ejemplo, sabemos que Pablo contó con la ayuda de amanuenses. Tercio escribió Romanos (Ro 16:22) y es posible que Gálatas (Gá 6:11) y Segunda a los Tesalonicenses (2 Ts 3:17) hayan sido escritas por otros colaboradores de Pablo. Pero no podemos saber a ciencia cierta si Pablo escribió Primera y Segunda a los Corintios, Filipenses, Primera a los Tesalonicenses y a Filemón o si, más bien, contó con la ayuda de otros o de los mismos secretarios. Debido a esta ambigüedad, hablar de Pablo como "escritor" o "autor" no siempre significa la misma cosa. El asunto se enturbia aún más cuando incluimos a los compañeros de ministerio de Pablo como "posibles autores". Ya que sus nombres aparecen en el encabezamiento de muchas de las cartas paulinas, podríamos preguntarnos si ellos fueron "coautores" con Pablo en alguna medida (2 Co 1:1; Fil 1:1; Col 1:1; 1 Ts 1:1; Flm 1). ¿Por qué descartar de buenas a primeras su posible contribución a las epístolas que *solamente* se atribuyen a Pablo? Y si conjeturamos que las pastorales, por su carácter netamente personal, son de Pablo (o de otro escriba) cualquier definición hermética de autoría se desvanecería. ¿Se puede hablar estrictamente de un "estilo paulino" para contrastarlo con el estilo de las pastorales? ¿Tiene sentido, entonces, concluir que Pablo *no* escribió las pastorales porque

Introducción

el vocabulario, los conceptos y la redacción de ideas allí difieren de Romanos, Gálatas y Primera a los Tesalonicenses? Para hablar de cartas "no-paulinas" o "seudo-paulinas" hay que determinar, *primero*, cuáles cartas son verdaderamente paulinas. Pero si los criterios para establecer cuáles escritos son paulinos descansan sobre una base frágil, ¿cómo podemos dar el segundo paso?

3. No existe "el estilo paulino" en el sentido absoluto de la expresión. Tal estilo es un concepto relativo. Todo va a depender del contexto en que Pablo se encuentre, su estado de ánimo, las nuevas experiencias y conocimientos adquiridos, las circunstancias de los lectores que lo llevan a escribir, su objetivo al escribir, el tipo de destinatario al que se dirige y las fuentes de las que toma prestadas sus ideas, para mencionar sólo algunas de las variables. A esto hay que añadir si el apóstol utilizó o no los servicios de un escriba y cómo tomó éste el dictado de Pablo. Debo acotar que, "la muestra representativa" que normalmente se utiliza para "establecer" el estilo paulino es muy pequeña. No podemos suponer que los autores bíblicos escribieron sus ideas de la misma manera todo el tiempo o que siempre debían ser consistentes con el uso de palabras y conceptos. Sería algo así como esperar que Gabriel García Márquez, en su novela *Del amor y otros demonios*, utilizara las mismas palabras que utilizó en *Cien Años de Soledad* para asegurarnos de que fue él el autor de ambas, o cuestionar que Paulo Coelho sea el escritor de *Verónica decide morir* porque su vocabulario difiere del vocabulario de *El Alquimista*. Homogeneizar el arte, la ciencia y las complejidades propias del acto de escribir es absurdo. ¿Por qué, entonces, someter a Pablo a tal prueba? El sentido común dice que muchas personas, en virtud de largos y complejos procesos de socialización, experimentan giros en su personalidad, valores, modo de pensar y manera de actuar. La nueva percepción del mundo la expresan por medio de nueva terminología. Para bien o para mal, varios eventos, situaciones y experiencias contribuyen a estos cambios con el paso del tiempo: tragedias, interacción con otras culturas, educación, edad, etc. Si la teología de Pablo experimentó un desarrollo, como muchos teólogos aseveran, ¿no es natural pensar que sus conceptos y su vocabulario hayan cambiado, también, cuando Pablo escribió las pastorales, sobre todo cuando Pablo ya estaba entrado en años y se encontraba en prisión (como en el caso de Segunda a Timoteo?). Hay algo sobre "la lógica" de los antitradicionalistas que no cala bien. Tanto las palabras como los conceptos a los que éstas se refieren, sean éstos teológicos o éticos, no tienen un significado fijo y absoluto. Estos cambian. ¿Por qué, entonces, esperar que Pablo sea totalmente consistente?

4. Es inapropiado creer que las iglesias cristianas del siglo primero, o aún más tarde, se hayan desarrollado al mismo tiempo y de la misma manera. Los cambios fueron multiformes independientes y lentos. Las iglesias a las que Pablo ministró no fueron iguales ni evolucionaron al mismo ritmo. El que la estructura eclesiástica y el liderazgo estratificado en las pastorales sean muy parecidos a lo que encontramos en la literatura cristiana del segundo siglo no significa, automáticamente, que las pastorales pertenezcan al segundo siglo. Destellos de este tipo de organización, bien pudieron haber aparecido al final del ministerio de Pablo o poco más tarde, aunque no quizá con el mismo nivel de institucionalización que experimentaron las iglesias a partir del segundo siglo. Esta observación puede aplicarse a Colosenses y Efesios, cuya paternidad paulina algunos cuestionan también.

5. Hay conexiones lingüísticas y conceptuales con las llamadas "cartas auténticas" de Pablo. Estos puntos de contacto no tienen que explicarse como meros "giros paulinos", "retazos" o "fragmentos" de lo que una vez fueron expresiones típicas de la redacción del apóstol. Si los supuestos discípulos de Pablo quisieron retener elementos del pensamiento de Pablo, ¿por qué no utilizar un lenguaje y conceptos más claros y numerosos de entre sus epístolas? ¿Por qué no dirigir las pastorales a iglesias locales como Pablo hizo, en vez de a individuos? En otras palabras, ¿por qué no hacer mejor uso de la llamada seudonimia?

6. Si los discípulos de Pablo escribieron las pastorales al final de su vida o luego de su muerte, como afirman algunos críticos, ¿cómo explicamos el tono personal, los detalles biográficos, las referencias a otras personas y los saludos en varias secciones de las epístolas (1 Ti 1:3, 20; 2 Ti 1:5, 15-18; 2:17-18; 3:10-11; 4:9-22; Tit 1:5; 3:12-13, 15)? ¿Es esto también parte de la calculada estratagema para "fabricar" y "encubrir" la verdadera identidad de los discípulos de la "escuela paulina", quienes tuvieron a bien escribir en nombre de su maestro? En Segunda a Timoteo, por ejemplo, Pablo envía saludos a un tal "Lino", quien se cree fue el primer obispo de Roma años más tarde (2 Ti 4:21). Si las pastorales fueron escritas en el segundo siglo, como muchos

Introducción

estudiosos creen, ¿por qué el apóstol o el escritor, entonces, no se refirió a Lino como obispo? El hecho de que este pasaje se refiera a Lino de una manera tan informal pudiera sugerir que éste no era obispo todavía y que, por lo tanto, Segunda a Timoteo pudo haber sido escrita antes del segundo siglo, lo cual fortalecería la hipótesis de que fue escrita por Pablo. A la luz de esto, es casi imposible aceptar la hipótesis de una "escuela paulina" sin pensar en conspiración, intriga o complicidad. No creo que el asunto se resuelva con decir que escribir "en nombre" de un líder o autor famoso fue parte del concepto de autoría en la época en la que se escribió la Biblia y que era un recurso literario legítimo.

7. El asunto de la seudonimia tiene serias limitaciones. No hay duda de que ésta fue parte de los artificios literarios que los antiguos utilizaron para dar autoridad a sus escritos y establecer continuidad con la tradición iniciada por sus maestros. Pero también reconocemos que la línea divisoria entre una simple y legítima "estrategia literaria" y la falsificación como recurso para engañar o encubrir, es una línea muy fina y difícil de determinar. Además, cuando la paternidad literaria no era un criterio absoluto para que un documento fuera aceptado en el Canon del Nuevo Testamento en formación, nos preguntamos: ¿por qué utilizar "la seudonimia" (escribir en nombre de Pablo) cuando "la anonimia" (no identificar al autor por nombre) era perfectamente aceptable y la estrategia más utilizada en la elaboración de la mayoría de los escritos del Nuevo Testamento o del Antiguo Testamento? ¿Por qué no eliminar el nombre de Pablo, como sucedió con los escritores de los Evangelios, Hebreos y las cartas de Juan, por ejemplo? Además de esto, debemos recordar que, en el momento histórico en que la iglesia aceptó las pastorales como "paulinas" (o dio por sentada su autenticidad), ya se tenía conciencia de que había documentos que habían sido "falsificados" y, como resultado de ello, la iglesia decidió excluirlos del canon o cuestionar su origen apostólico, entre otras cosas. Esto sucedió con documentos tales como Tercera a los Corintios, las cartas de Pablo y Séneca, y Los Hechos de Pablo y Tecla, sólo por mencionar algunos ejemplos. Lo curioso es que la iglesia, por alguna razón, no se acercó a las pastorales a fin de probar su autenticidad o ponerla en tela de juicio.

8. Cierro mis comentarios señalando que la tendencia a armonizar los pasajes de la Biblia es algo legítimo y normal, pero no siempre es

posible o, aun, deseable. Señalo que los autores bíblicos no fueron "teólogos sistemáticos", o personas que escribieron con la idea de que sus escritos algún día serían añadidos a un "canon" o de que serían leídos con ojos críticos. Su intención no fue escribir de manera tal que todas sus ideas armonizaran perfectamente. Aplicar una metodología de análisis a las pastorales que parta de tal punto es utilizar una premisa equivocada, y corre el riesgo de distorsionar la realidad. Todos los libros de la Biblia son libros contextuales, es decir, responden a situaciones y planteamientos concretos de sus respectivos momentos históricos.

Por todas estas consideraciones, es razonable suponer que Pablo, ya anciano, escribió las cartas pastorales (quizá con la ayuda de algún escriba o escribas anónimos), posiblemente, poco antes de su muerte. Mi interpretación del mensaje de estas epístolas en el presente comentario se asienta sobre esta premisa, lo cual nos permite reconstruir la imagen de un Pablo no siempre armónico con el que emana de las otras cartas, pero, ciertamente, de un Pablo de quien siempre podemos aprender, particularmente, en relación con el papel que jugó en la formación ministerial de sus discípulos Timoteo y Tito.

III. Destinatarios

Saber quién es el autor de las pastorales es tan importante como saber quiénes son sus receptores o lectores originales. Esto nos mueve a presentar algunos datos biográficos sobre Timoteo y Tito que nos ayudarán a entender el contenido y propósito de las cartas dirigidas a ellos, al igual que la relación pastoral que existió entre Pablo y estos prominentes líderes. El libro de los Hechos y muchas de las cartas paulinas nos proveen de información importante acerca de estas personas, que complementa lo que las cartas pastorales dicen. Timoteo y Tito *no* son construcciones ficticias o símbolos literarios que representan una nueva generación de líderes, cuyo deber es preservar la tradición paulina o contrarrestar algunos esfuerzos por cambiarla. Por el contrario, son personajes históricos estrechamente vinculados a Pablo y al éxito de la obra entre los gentiles. Y, por sus capacidades, integridad moral y efectividad en el ministerio, son *delegados apostólicos*, enviados por Pablo, con una misión muy particular que cumplir, tanto

Introducción

en la ciudad de Éfeso, en el caso de Timoteo, como en la isla de Creta, en el caso de Tito.

Sin embargo, hay que reconocer, de entrada, que Timoteo y Tito no son los únicos lectores a quienes Pablo se dirige. Por ser "cartas" con lineamientos que deben ser puestos en práctica en las iglesias, las pastorales también tienen como destinatarias a las comunidades religiosas bajo el cuidado pastoral de Timoteo y Tito, aunque de forma indirecta. Existen algunas pistas dentro de las cartas que nos hacen concluir de este modo. Considérese, por ejemplo, cómo Pablo se dirige a las congregaciones hablando de "ustedes" en su saludo final (1 Ti 6:21; 2 Ti 4:22; Tit 3:15) y a las personas que hicieron copias de estas cartas para que éstas circularan en las iglesias. Muchos creyentes vieron el valor de las pastorales para la vida y el ministerio de las iglesias y, por esa razón, preservaron esta tradición literaria paulina. Tampoco debemos olvidar que, en la época del Nuevo Testamento, los primeros cristianos leían las epístolas en voz alta a otros creyentes, sobre todo cuando muchos de ellos eran iletrados. En un sentido más amplio, como miembros de otra generación cristiana para quienes las cartas pastorales fueron incluidas en el canon del Nuevo Testamento, nosotros, también, debemos leer estas cartas como si hubiesen sido dirigidas a nosotros, pero desde nuestro propio contexto. Por eso, considero que, desde dos puntos de vista diferentes pero complementarios, hay dos tipos de destinatarios: Timoteo y Tito (y las iglesias bajo su cargo) (*los destinatarios históricos*) y nosotros, como parte de una larga lista de lectores que se han beneficiado de estas epístolas a lo largo de la historia de la iglesia (*los destinatarios canónicos*). La comunidad latina/hispana puede y debe beneficiarse de las pastorales, siempre y cuando mantenga un diálogo entre lo que estas significan dentro de su contexto histórico y dentro del nuestro. Por ahora, sin embargo, concentremos nuestro esfuerzo en *los destinatarios históricos*.

Las primeras dos cartas están dirigidas a Timoteo, cuyo nombre significa literalmente *"quien honra a Dios"*. Timoteo era hijo de madre judía y padre griego (Hch 16:1), y ya gozaba de una alta reputación en Listra (ciudad de la provincia de Galacia, en Asia Menor), cuando se unió al ministerio de Pablo (Hch 16:2). Es probable que Timoteo se haya convertido por la predicación de Pablo en esa ciudad, unos años antes. Por esto, se le considera "hijo espiritual" del apóstol (1 Co 4:17;

Filp 2:22; 1 Ts 3:2; 1 Ti 1:2, 18; 6:20; 2 Ti 1:2). Pablo lo hizo circuncidar para no ofender a los judíos y con el fin de prepararlo para el ministerio (Hch 16:2). Timoteo fue compañero de trabajo de Pablo (Ro 16:21), y cumplió una labor importantísima en la evangelización de Grecia y Asia Menor, particularmente, en el establecimiento de comunidades de fe en la provincia de Macedonia, durante el tercer viaje misionero de Pablo (Hch 16:1; 17:14-15; 18:5; 19:22; 20:4). También fue emisario de Pablo en las iglesias griegas de Filipos (Filp 2:19, 22), Tesalónica (1 Ts 3:2, 6) y Corinto (1 Co 4:17; 16:10; 2 Co 1:19). Es posible que Timoteo haya tenido algo que ver con la escritura de, por lo menos, seis cartas paulinas, pues su nombre aparece en el encabezamiento de ellas (2 Co 1:1; Filp 1:1; Col 1:1; 1 Ts 1:1; 2 Ts 1:1; Flm 1:1). Como precio por su compromiso con el evangelio, Timoteo estuvo en la cárcel, posiblemente, junto a Pablo (Heb 13:23; cf. Flm 1:1). Pablo sintió un gran aprecio y tuvo un alto concepto de la persona y labor de Timoteo. Todo esta información es un claro testimonio acerca del tipo de liderazgo que Timoteo ejerció en la iglesia primitiva para honra de Dios; Timoteo, sin duda, rindió tributo al significado de su nombre. Esta información también nos dice mucho sobre la relación maestro-alumno o mentor-aconsejado que existió entre Pablo y Timoteo. No es de extrañar, pues, que Pablo haya tomado tiempo para escribir dos cartas a Timoteo para cultivar la relación fraternal y el desarrollo de su liderazgo.

A partir de Primera y Segunda a Timoteo podemos aprender algo más acerca de Timoteo. Pablo mantiene una relación ministerial con Timoteo más estrecha que con Tito. Por eso, le escribe dos cartas; la última es más personal. Timoteo parece ser un joven líder (1 Ti 4:12; 5:1-2; 2 Ti 2:22), que requiere estímulo y apoyo moral. Es "hijo espiritual" de Pablo y, por lo tanto, su discípulo (1 Ti 1:18). La fe de Timoteo en Cristo es genuina, al igual que lo fue la fe de su madre, Eunice (que significa *"buena victoria"*) y abuela, Loida (que significa *"más deseable"* o *"mejor"*) (2 Ti 1:5). Pablo le ha pedido a Timoteo que desarrolle un ministerio de suma importancia en el puerto de Éfeso (1 Ti 1:3), localizado al sureste de Asia Menor, en la costa del Mar Egeo. Allí, debe establecer orden en las iglesias, equiparlas para el ministerio (1 Ti 5:22; 2 Ti 2:1-2), instruirlas sobre sus responsabilidades éticas (1 Ti 2:1-3:13; 5:1-20; 6:1-19) y contrarrestar la influencia negativa de los falsos maestros (1 Ti 1:3-7, 19-20; 3:1-7; 4:1-5; 6:3-5, 20-21; 2 Ti 2:14-19,

Introducción

25-26; 3:1-9; 4:3-4). Más concretamente, Timoteo debe fortalecer su fe y cumplir con su ministerio con orgullo (1 Ti 6:11-16; 2 Ti 1:6-8; 2:1; 4:5, 14); mantenerse puro moralmente (1 Ti 5:22; 6:11-16; 2 Ti 2:20-21; 3:5); aguantar las aflicciones, como Pablo (2 Ti 1:4, 8-12; 2:1-13); predicar y enseñar (1 Ti 4:6, 13; 6:2; 2 Ti 4:1-5); evitar los debates sin sentido, los mitos y el conocimiento esotérico (1 Ti 4:7; 6:20-21; 2 Ti 2:14, 16-19, 23-26); seguir siendo fiel al legado e instrucciones paulinas (1 Ti 6:20; 2 Ti 1:13-14; 2:1-2; 3:10-11, 14) y ser ejemplo (1 Ti 4:12, 15-16; 2 Ti 1:13-14; 2:15), como imitador de Cristo y de Pablo (2 Ti 1:13-14; 2:8-13; 3:10). Timoteo fue consagrado al ministerio por un grupo de líderes cristianos (1 Ti 1:18; 4:14; 6:12; 2 Ti 1:6-7; 3:10-17) y tiene capacidades y virtudes en las que Pablo confía. Es posible que Timoteo haya tenido un conocimiento básico de las enseñanzas de los falsos maestros, pero conocía muy bien las doctrinas básicas del evangelio y las Escrituras Hebreas (1 Ti 4:13; 2 Ti 3:15-17; cf. 1 Ti 5:18-19; 2 Ti 2:19; 3:8-9), y sabía del llamado de Pablo al ministerio y de sus aflicciones por causa de ello (1 Ti 1:12-17; 2 Ti 1:15; 3:10-11). Tal es el aprecio que Pablo siente por Timoteo, que desea ir a verlo (1 Ti 2:14). Pero luego, en vista de que Pablo está en prisión y tiene poco apoyo de otros líderes, le ruega que venga a verlo antes de que llegue el invierno (2 Ti 4:9, 13; 4:21). Hacia el tiempo en que Pablo le escribe su primera carta, Timoteo padecía de una enfermedad estomacal (1 Ti 5:23). Timoteo conoce y mantiene relaciones fraternales con otros líderes con quienes Pablo tiene contacto (2 Ti 1:16-18; 4:9-13, 19-22). Por otra parte, sabe de aquellos que han apostatado de la fe y hecho daño a Pablo (1 Ti 1:20; 2 Ti 1:15; 2:17-18; cf. 4:14-18).

Tito, a quien Pablo escribe su tercera carta pastoral, fue compañero de ministerio del apóstol y un líder digno en quien Pablo confiaba y a quien apreciaba. Sin embargo, el papel que Tito jugó no fue tan decisivo como el de Timoteo. Según parece, Tito, cuyo nombre posiblemente significa *"título de honor,"* fue un joven griego que se convirtió a la fe cristiana por el trabajo de Pablo, quizá durante el ministerio de éste en Antioquía de Siria, al norte de Palestina (Hch 11:25-26; cf. Tit 1:4). Tito fue con Pablo al Concilio de Jerusalén, como fruto del trabajo de Pablo entre los gentiles y, en esa ocasión, Pablo no permitió que Tito fuera circuncidado por quienes le querían aplicar la ley mosaica (Gl 2:1-5). De Antioquía, Pablo se lo llevó consigo a Éfeso, durante su tercer viaje misionero (Hch 18:22-19:1); Tito fue uno de los asistentes de Pablo en esa ciudad por un tiempo (Hch 19:22). En varias ocasiones, Pablo lo envió a Corinto como su representante para realizar trabajos de importancia (2 Co 2:12-13; 7:6-7, 13-15; 12:17-18). Uno de ellos fue el recaudar fondos para los pobres de la iglesia de Judea (1 Co 16:1-4; 2 Co 8:6-7, 16-24; 9:2); también, restaurar orden en Corinto y contrarrestar la influencia negativa de algunos adversarios de Pablo. Se cree que Tito encabezó la delegación que llevó la segunda carta a los corintios (2 Co 8:6, 7, 16-22; 8:23-24). Algunos especulan que Tito es *Ticio Justo*, el temeroso de Dios en cuyo hogar Pablo se quedó luego de salir de la sinagoga en Corinto (Hch 18:7). Es posible que Tito haya acompañado a Pablo durante su segundo encarcelamiento en Roma (2 Ti 4:10). A la luz de estas credenciales, Tito, como Timoteo, ciertamente honró el significado de su nombre como enviado apostólico y, al escribirle, Pablo quiere que Tito siga cultivando esta gran reputación y la relación entre ellos.

La carta dirigida a Tito nos permite añadir unos pocos detalles más al perfil de esta gran figura. Así como Timoteo, Tito es, también, "hijo espiritual" de Pablo, quien se dirige a Tito recordándole de esta relación afectuosa (Tit 1:4; cf. Hch 11:25-26). Hacia el tiempo en que Pablo le escribe, se cree que Tito era aún un joven ministro (Tit 2:6, 7; cf. 15), conocedor de los principios fundamentales de la fe cristiana y posiblemente de algunas de las falsas enseñanzas que Pablo condena. También, Tito es líder autorizado por el apóstol para supervisar la obra cristiana en la isla de Creta, ubicada en el Mar Mediterráneo, al sureste de Grecia. Al igual que Timoteo, Tito es una especie de "superintendente". El apóstol y Tito habían trabajado juntos en esa isla por un tiempo. Parece que Pablo tuvo que salir de allí antes de tiempo, y Tito todavía servía a los cretenses en la época en que Pablo le escribió su carta. Ahora, Pablo, confiando en las capacidades de Tito, le pide que haga varios trabajos pastorales para completar el ministerio en Creta. De acuerdo a las instrucciones paulinas, Tito debe, con autoridad, nombrar líderes calificados (Tit 1:5-9), detener la diseminación de las falsas doctrinas (Tit 1:10-5; 3:9-11), enseñar la sana doctrina (Tit 2:1, 7, 15), delinear claramente cuáles deben ser las responsabilidades de diferentes grupos dentro de las iglesias (Tit 2:2-9) y para con el gobierno (Tit 3:1-8), ser ejemplo (Tit 2:7) y mantener la unidad (Tit 3:9-11). Sin embargo, dicho ministerio es temporal. Una vez que lleguen Artemas o Tíquico a Creta, Pablo espera que Tito vaya a verlo a Nicópolis (Tit 3:12), ciudad posiblemente localizada en la región de Epiro, en el Golfo de Actio, al oeste de Grecia. Tito tiene un espíritu solidario. Por eso, Pablo le sugiere que sea hospitalario con Zenas y Apolos (Tit 3:13-14).

IV. Ocasión y propósito de estas cartas

¿Cuáles son algunos de los desafíos concretos en las vidas de Timoteo y Tito que obligaron al apóstol a escribirles? ¿En qué situación se encontraban las iglesias que estos líderes debían supervisar? ¿Qué tipo de expectativas tenía el mundo secular sobre la iglesia, y cómo debía responder la iglesia a esta presión externa? También nos preguntamos: ¿con qué finalidad escribe Pablo estas cartas? ¿Qué quiso lograr en Timoteo y en Tito y en las comunidades bajo su guía pastoral?

Para responder a estos interrogantes, debemos prestar atención a algunas "pistas" que las pastorales dan sobre estos asuntos. En mi opinión, si bien es cierto que cada carta tiene sus matices muy propios y necesita un tratamiento por separado, también es cierto que existen, por lo menos, tres desafíos principales que motivaron la escritura de estas tres epístolas:

1. *Las falsas doctrinas y la inmoralidad*

Al parecer, ciertos maestros se habían infiltrado en las iglesias y, con sus enseñanzas y estilo de vida, estaban distorsionando las creencias y los valores cristianos que Pablo les había enseñado. Muchos habían apostatado de la fe verdadera por causa de ellos. El asunto podría empeorar. Esta situación estaba creando ansiedad y divisiones, y amenazaba con destruir el trabajo del movimiento cristiano, particularmente, parte de la labor misionera de Pablo y sus discípulos en Éfeso, la isla de Creta y zonas circunvecinas. En respuesta a estos desafíos, el apóstol escribe las pastorales a fin de combatir la influencia perniciosa de las falsas doctrinas y de sanear a las iglesias de este mal. Parte de este esfuerzo de medicina preventiva y curativa implicaba la preparación espiritual y ministerial de Timoteo, de Tito y de los líderes bajo su supervisión, a fin de que todos ellos pudieran desempeñar un papel apologético y didáctico. Pero, también, señalamos que reestructurar las iglesias y recordarles a los miembros de sus responsabilidades era, también, indispensable para combatir la influencia negativa de las falsas doctrinas. Desconocemos quiénes fueron estos falsos maestros o en qué consistían sus enseñanzas en detalle. Pero es posible que las iglesias de aquel momento se vieran amenazadas por alguna forma temprana de gnosticismo (1 Ti 6:20). El gnosticismo era una corriente filosófica y religiosa que daba preferencia al conocimiento esotérico como medio de realización, purificación y salvación personal. Para los seguidores de este movimiento, el cuerpo era malo y el espíritu, con el que la razón tenía una conexión muy estrecha, era fundamentalmente bueno. Por medio del conocimiento, los adeptos a esta corriente podían contrarrestar la influencia de la carne y sus pasiones. La influencia de los judaizantes es palpable, también, en las iglesias y en algunos de sus líderes, quienes ponían demasiado énfasis en asuntos de las tradiciones judaicas en perjuicio de la obra de Cristo (1 Ti 1:4, 7-11; Tit 1:10, 14; 4:3).

Pablo utiliza varias estrategias pastorales para abordar el problema de las falsas doctrinas y sus proponentes. Primeramente, el apóstol reafirma muchos de los puntos cardinales de la fe cristiana. Algunos de ellos son parte de las recomendaciones de Pablo a Timoteo y a Tito; es decir, están implícitos y podemos inferir su contenido. Un buen ejemplo es la doctrina de la gracia de Dios en Cristo, la cual tiene fuertes implicaciones éticas para el ministerio de Pablo y sus de discípulos, y para las iglesias (1 Ti 1:12-20; 2 Ti 1:9-12; 2:8-10; Tit 2:11-14; 3:3-8). Pero la esencia de estos dogmas tempranos de la fe están condensados en la llamada "sana doctrina", cuyo contenido no se detalla (1 Ti 1:10; 2 Ti 4:2-3; Tit 1:9; 2:1, 10; cf. 1 Ti 6:3); en la tradición paulina (1 Ti 3:10; 4:6, 16; 6:1; 2 Ti 3:10); en algunas fórmulas enfáticas que Pablo utiliza y en las que el creyente debe creer con plena confianza (1 Ti 1:15; 3:1; 4:9; 2 Ti 2:11; Tit 3:8); y en algunos credos e himnos tempranos (1 Ti 3:16; 2:5; 6:11-16; 2 Ti 2:8-13; Tit 3:4-7), los cuales, aunque de origen desconocido, tienen mucho contenido teológico.

Segundo, el apóstol denuncia algunas de las creencias y prácticas más comunes de estos grupos disfuncionales. Éstas son doctrinas contrarias a lo que Pablo y otros líderes han aprendido, y hasta son de origen satánico (1 Ti 1:3; 4:1, 6, 16; 6:1, 3). El apóstol condena las discusiones

Introducción

que no llevan a nada y destruyen las relaciones humanas (1 Ti 4:7; 2 Ti 2:14, 16; 4:4; Tit 1:14; 3:9), la apostasía (1 Ti 1:19-20; 5:15; 6:10, 21; 2 Ti 1:15; 2:17-18; 4:4, 15-16), los mitos y especulaciones sobre los árboles genealógicos (1 Ti 1:4; 4:7), la doctrina de que la resurrección final ya ocurrió (2 Ti 2:18), el nominalismo religioso (Tit 1:16), la práctica de un ascetismo radical (1 Ti 4:3-4; Tit 1:15), las ganancias deshonestas (1 Ti 3:3, 8; Tit 1:11), la concepción errada sobre la naturaleza y función de la ley mosaica (1 Ti 1:8-11), la destrucción de la estructura familiar (2 Ti 3:6-7; Tit 2:5) y otras cosas más.

Tercero, Pablo desprestigia el carácter y la conducta de los falsos maestros (1 Ti 1:7; 4:1-2; 6:3-5; 2 Ti 3:1-9; Tit 1:10-16). Según el apóstol, éstos están corrompidos en su totalidad, por lo que no son dignos de confianza. Pablo jamás intenta siquiera entablar un debate abierto con ellos sobre algún tema en particular o reconocer puntos positivos. En las pastorales no existe tal cosa como la coexistencia religiosa, la tolerancia o el pluralismo. El temor al error se traduce en una visión bastante cerrada del mundo.

2. La reestructuración de las iglesias

Debido a los muchos cambios que habían ocurrido en las iglesias en cuanto a su relación con el mundo grecorromano cuando las pastorales fueron escritas (ca. 63-67 d. C.), algunos ajustes eran indispensables, tanto en el tipo de liderazgo requerido, como en la vida y la obra de las iglesias. Por eso, notamos muchas instrucciones sobre el lugar y la función de varios grupos dentro de las iglesias (1 Ti 5:1-6:2; Tit 2:2-10), la adoración y el liderazgo (1 Ti 2:1-3:16; Tit 1:5-9), y las responsabilidades para con el mundo secular (Tit 3:1-2). El movimiento cristiano era, para ese entonces, un movimiento gentil; la influencia y presencia judía era muy poca. La composición étnica y racial de las iglesias era más diversa. Los ricos eran parte de las comunidades de fe (1 Ti 6:3-19). Las iglesias se habían multiplicado en aquella sociedad y el liderazgo no daba abasto. Muchos líderes cristianos de la segunda generación habían muerto o estaban entrados en años. La unidad de la iglesia estaba en peligro (1 Ti 1:4; 6:4; Tit 3:10). La sociedad secular tenía ciertas expectativas sobre el comportamiento ciudadano, y los cristianos debían amoldarse a la cultura si es que el movimiento cristiano quería sobrevivir (1 Ti 5:14; 6:1; Tit 2:5, 8, 10). Una redefinición de la organización de la iglesia era necesaria, pues Dios era y sigue siendo un Dios de orden. Por todas estas razones, en las pastorales hay muchas reglas; la fe cristiana aparece como algo más estático y restrictivo. Poco a poco, la iglesia se está convirtiendo en una institución.

3. La preparación de un nuevo liderazgo

Es posible que la relativa juventud y poca experiencia de Timoteo y de Tito en su nueva función como supervisores de la obra cristiana en Éfeso y Creta, respectivamente, hayan llevado a Pablo a detallar más las funciones que debían ejercer. A este punto añadimos la crisis doctrinal y moral en que las iglesias se encontraban y que forzó a Pablo a ser más directo con sus hijos espirituales. Es evidente que entre el apóstol y Timoteo y Tito existe una relación de autoridad, es decir, una relación en la que Pablo es el mentor y estos dos jóvenes son sus discípulos. Aprovechándose de esta coyuntura, el apóstol les escribe para reforzar los nexos que lo unen con ellos, asegurándose de que esta generación de relevo imite la teología y la práctica ministerial y ética del apóstol, por una parte, y siga comprometida con el evangelio y la sana doctrina, por la otra. Podemos aprender mucho de las epístolas pastorales sobre el discipulado cristiano y el desarrollo de liderazgo.

A pesar de los múltiples puntos de contacto que encontramos en las pastorales, que nos dan una idea sobre las circunstancias que motivaron su escritura y el propósito de Pablo al escribirlas, estas cartas dejan ver, también, unas circunstancias y objetivos más específicos. En 1 Timoteo, por ejemplo, Pablo dice que dejó a Timoteo en Éfeso a fin de "poner orden" en las iglesias. Para lograr esto, este joven pastor debe neutralizar más específicamente la influencia de los falsos maestros y minimizar la apostasía (1 Ti 1:3-11; 4:1-16; 6:3-10), organizar las iglesias indicándoles cómo comportarse internamente y en relación con el mundo (1 Ti 2:1-3:16; 5:1-6:2; 6:3-10), fortalecer su fe y ministerio personal (1 Ti 1:18-20; 3:14-16; 4:7), concentrarse en la enseñanza y la predicación (1 Ti 4:6, 11, 13, 16; 6:17-18), servir de ejemplo a los creyentes (1 Ti 4:12) y cultivar una serie de virtudes que harán de él un líder sólido (1 Ti 6:11-14).

En 2 Timoteo, la tónica de la relación entre Pablo y Timoteo cambia, como también cambia lo que el apóstol requiere de su hijo espiritual. Pablo está en la cárcel en Roma, por segunda vez, es anciano, presiente

Introducción

su pronta muerte a manos del emperador Nerón, ha sido abandonado por sus consiervos en el ministerio, teme por el futuro de Timoteo y la obra cristiana, y desea ver de nuevo a Timoteo (2 Ti 1:4, 8, 12; 2:9-10; 3:10-11; 4:6-18, 21). En vista de esta situación, en esta segunda carta, el apóstol concentra casi toda su energía en la persona, el ministerio y el liderazgo de Timoteo. Las falsas doctrinas y la organización de las iglesias son temas secundarios (2 Ti 2:25-26; 3:1-9). Desde su propio contexto de sufrimiento y animando a Timoteo a no evadir el sufrimiento suyo sino a encararlo con poder, fe y perseverancia, Pablo enumera una serie de virtudes que Timoteo debe cultivar y responsabilidades que debe cumplir (2 Ti 1:6-7; 1:8-2:13; 2:14-26; 3:14-17). La enseñanza y la predicación siguen siendo centrales en su ministerio (2 Ti 4:1-8), así como la preservación de las enseñanzas paulinas (2 Ti 1:13-14; 2:2). Cristo y Pablo son los ejemplos a seguir (2 Ti 2:8-10; 3:10-17; 4:9-18).

Al igual que en 1 Timoteo, en la carta a Tito, Pablo anima a su segundo hijo espiritual a terminar el trabajo que ya se había empezado en Creta. Por causa de la oposición que Tito habría de afrontar (Tit 1:10, 11; 2:15; 3:10), Pablo escribe a fin de reforzar la autoridad de Tito en su trabajo con las comunidades de fe. Por causa de la influencia negativa de los falsos maestros (Tit 1:10-16), la falta de organización en las iglesias, algunos problemas de índole moral entre los miembros y la falta de conexión entre el evangelio y el diario vivir, Pablo requiere que Tito seleccione líderes moral y doctrinalmente intachables (Tit 1:6-9), organice las iglesias (Tit 2:1-15), exhorte a las congregaciones a vivir una vida santa (Tit 3:1-11) y cumpla con una labor educativa (Tit 2:1, 15; 3:1). Contrario a lo que hace en Primera y Segunda a Timoteo, en la epístola a Tito, Pablo hace más hincapié en las funciones temporales de su discípulo y en su persona y liderazgo como tales. Quizá, la situación en Creta no era tan exigente como la de Éfeso y la relación entre Pablo y Tito quizá no era tan estrecha como la relación con Timoteo.

V. Fecha y lugar de composición

Si saber algo sobre el autor y los destinatarios de las pastorales es importante, también lo es el conocer su fecha y lugar de composición. Lo lamentable es que esta información es muy difícil de obtener. Las escasas referencias sobre este asunto en las pastorales no ayudan mucho, y el Nuevo Testamento guarda silencio sobre el particular. Por eso, nos vemos forzados a conjeturar un poco.

El asunto de la fecha depende mucho de qué postura se tome acerca de la autoría. Si Pablo escribió las pastorales, como sugerimos en este comentario, la escritura de estas cartas debió haber ocurrido en el período entre su liberación de la cárcel en Roma después de su primer encarcelamiento (61 o 63 d. C.; Hch 28:17-31) y su muerte a manos del Emperador Nerón (67-68 d. C.), como lo establece la tradición cristiana. Es posible que el primer encarcelamiento de Pablo sucediera en el 59 d. C. y su liberación en el 61 d. C. Otros proponen el 61 y el 63 d. C., respectivamente. Con estas fechas como parámetros, es posible que Pablo haya escrito las pastorales entre el 63 y el 67 d. C.

Es difícil establecer si Tito fue escrita antes o inmediatamente después de Primera a Timoteo, ya que ambas son muy similares en estructura, contenido y propósito. Entonces, cualquiera de estas dos pudo haber sido escrita primero; la primera de ellas quizá entre el 63 y el 65 d. C., y la segunda, en el 65 y el 66 d. C. Está claro que Segunda a Timoteo fue la última de las tres (no más tarde del 67 d. C.), pues en ella Pablo está preso, es anciano y presiente su muerte (2 Ti 1:8-12; 2:8-13; 4:6-8, 16-18). Por lo general, se cree que las pastorales fueran escritas en el siguiente orden: Primera a Timoteo (63-65 d. C.), Tito (65-66 d. C.) y Segunda a Timoteo (66-67 d. C.). Sin embargo, a fin de entender estas cartas en su momento histórico, en el presente comentario seguiremos el orden canónico de estas cartas pero sin querer insinuar con ello un orden cronológico rígido.

El lugar de composición es mucho más difícil de precisar. En las pastorales notamos varias referencias a ciudades que hacen suponer que Pablo pudo haber estado en algún lugar en Grecia, Asia Menor o, incluso, Roma cuando escribió estas epístolas. Con respecto a Primera a Timoteo, se sugiere alguna ciudad o villa desconocida en la provincia romana de Macedonia, al norte de Grecia (1 Ti 1:3). Aunque no sabemos si Tito fue escrita antes o inmediatamente después de Primera a Timoteo, se conjetura que Pablo pudo haberla escrito en algún lugar entre la isla de Creta (en el Mar Mediterráneo) y la ciudad de Nicópolis (ubicada en Epiro, en el Golfo de Actio, al oeste de Grecia). Pablo escribió Segunda a Timoteo, posiblemente, durante su segundo encarcelamiento en Roma

Introducción

(justamente después de su segunda audiencia), luego de haber visitado las ciudades griegas de Troas (al noroeste de Asia Menor), Mileto (al suroeste de Asia Menor) y Corinto (al sur de Grecia) (2 Ti 4:13-18). Por supuesto, todas estas propuestas son meras suposiciones, pues la evidencia interna es inexistente.

VI. Género literario y estilo

Las pastorales pertenecen al tipo de literatura que se denomina "epistolar", pues consiste en cartas o epístolas. Por ser de origen paulino, estas cartas siguen el formato que Pablo utiliza para escribir sus otras misivas, pero de una forma muy general e inconsistente. Como bien sabemos, la correspondencia paulina tiene cuatro divisiones principales: *la introducción, la acción de gracias, el cuerpo principal y la conclusión*. Cada una de estas secciones tiene elementos que normalmente se repiten. En la acción de gracias, el apóstol expresa algunos pensamientos que buscan destacar cualidades o hechos significativos de sus lectores para recalcar su estima hacia ellos, sentar las bases para persuadirlos y cultivar la relación fraternal que lo une a ellos. El cuerpo principal tiene dos partes: la primera contiene una explicación de la tesis principal o asuntos más importantes de la carta, con sus respectivos argumentos de apoyo; la segunda, la parte más práctica de las cartas paulinas, aplica a la vida diaria los conceptos teológicos discutidos en el cuerpo principal. En ella, se presentan vicios morales que deben ser desechados y virtudes éticas que los creyentes deben cultivar. Aunque las pastorales siguen el formato general de introducción, cuerpo general y conclusión (1 Ti 1:1-2, 1:3-6:19, 6:20-21; 2 Ti 1:1-2, 1:3-4:18, 4:19-22; Tit 1:1-4, 1:5-3:11, 3:12-15), la Segunda a Timoteo es la única carta que contiene una breve acción de gracias (en forma de oración) (2 Ti 1:3-7). En Primera a Timoteo, Pablo da gracias por sí mismo pero no al principio de esa epístola (1 Ti 1:12-14). En el cuerpo principal, el apóstol tiende a mezclar asuntos de teología y exhortaciones éticas a lo largo de cada una de las pastorales, sin hacer una separación entre teoría y práctica y en ese orden, como normalmente lo hace en su otra correspondencia. Además, el apóstol se desvía de su línea de pensamiento y comparte muchas ideas, lógicamente, aunque no siempre de manera fácil de bosquejar.

Timoteo y Tito

Primera a Timoteo es una carta personal cuyo enfoque es la disciplina o el orden interno en las iglesias de Éfeso (1 Ti 1:3-7). Pablo busca equipar a su discípulo para que enfrente los desafíos propios del caso. Segunda a Timoteo conserva elementos muy parecidos a los de un *testamento*. Estando en prisión, ya anciano y previendo que su muerte está cerca, Pablo comparte con su discípulo su "última voluntad". Parte de ello implica dirigirse a Timoteo como su "hijo", mirar al pasado de su alumno Timoteo (2 Ti 1:3-18), hablar de las condiciones en que Pablo se encuentra como prisionero, reflexionar sobre las aflicciones y enumerar algunos puntos que su discípulo debe poner en práctica, en fidelidad al mensaje cristiano y al legado de su maestro, Pablo (2 Ti 1:8-18; 2:1-13; 3:10-13; 4:6-8, 16-18). A diferencia de lo que hace en Primera a Timoteo, y en Tito, en Segunda a Timoteo Pablo no habla de planes futuros—por lo menos, no en detalle. Como Primera a Timoteo, Tito es también una *carta personal*, pero más corta, que prepara a Tito para enfrentar la amenaza de las falsas enseñanzas en las iglesias de Creta (Tit 1:5-16).

En cuanto a estilo se refiere, Pablo se vale casi exclusivamente de *la prosa*, lo cual es más conveniente para la escritura de cartas personales. Aunque no encontramos poesía en estas cartas, algunos pasajes parecen contener cierto tono poético (1 Ti 2:5; 3:16; 6:11-16; 2 Ti 2:8-13; Tit 3:4-7). Primera a Timoteo es muy similar a Tito en cuanto a temas, palabras y estructura de pensamiento. Tiene, también, algunas similitudes con Segunda a Timoteo. Esto no es raro en la correspondencia paulina o en el Nuevo Testamento, ya que las ideas de Pablo en las cartas a los Efesios y a los Colosenses son muy parecidas entre sí; lo mismo sucede entre Segunda de Pedro y Judas. Además, la emotividad y la espontaneidad con que Pablo se expresa en Primera a Timoteo, a veces, lo llevan a desviarse de su línea de pensamiento, pero sólo brevemente. De cualquier modo, las ideas principales de Primera a Timoteo son claras y relativamente fáciles de bosquejar.

La Segunda carta de Pablo a su alumno Timoteo es más personal y emotiva que la primera. Ahora, encarcelado en Roma por segunda vez, entrado en años, satisfecho de su ministerio, preocupado por el ministerio de Timoteo y la salud de las iglesias, y listo para partir de esta vida en cualquier momento, Pablo reflexiona sobre el sufrimiento, las tentaciones propias del ministerio, el comportamiento inmoral y las

Introducción

enseñanzas de los falsos maestros, y las responsabilidades de Timoteo dentro de este amplio contexto. Por estas razones, en Segunda a Timoteo las ideas de Pablo son un poco más difíciles de bosquejar, ya que tiende a desviarse de su forma de pensar, a repetir ideas o a tratar temas sin una organización clara y consistente. A veces, el lector se ve obligado a leer entre líneas a fin de tratar de entender lo que Pablo quiso decir. Una buena parte del contenido en Tito lo hallamos en Primera a Timoteo, pero de forma más resumida; hay muchos detalles que Tito omite. Esto quizá se deba a que la función de Tito es temporal y a que los problemas con los que debe tratar en Creta son menos que los problemas con los que Timoteo debe tratar en Éfeso. Además, esta carta es la más corta de las pastorales y la más fácil de bosquejar.

Dentro de las cartas pastorales, encontramos otros recursos estilísticos más específicos que Pablo utiliza para organizar y comunicar mejor sus ideas:

1. Exhortaciones éticas

En las pastorales, Pablo utiliza el modo imperativo para requerir que Timoteo y Tito pongan en práctica algunos de los valores morales que son centrales a la fe cristiana y rechacen igualmente algunas de las prácticas que son destructivas (1 Ti 2:1-15; 3:1-16; 4:6-8, 11-16; 5:1-25; 6:1-2, 11-21; 2 Ti 1:8, 13-14; 2:1-8, 14-16, 22-26; 3:14; 4:1-5; Tit 1:13; 2:1-15; 3:1-2, 8-11, 14). Con el mismo tono, les insta a exigir lo mismo de las iglesias bajo su cargo. El concepto de moralidad se presenta en un contexto dado, y es por ello que la comunidad hispana/latina necesita desarrollar el suyo a la luz de las Escrituras y de la realidad particular en la que vive su fe.

2. Listas de virtudes y vicios morales

Además de decirles abiertamente a Timoteo y a Tito lo que deben creer y cómo deben comportarse, Pablo también les anima a vivir la vida cristiana, pero de forma indirecta (1 Ti 1:9-10; 3:2-7; 6:4-5; 2 Ti 3:2-5; Tit 1:7-10). Para tal fin, Pablo simplemente enumera las cualidades o tipos de conducta que son aceptables y los que no lo son. El apóstol utiliza este recurso para hablar de los falsos maestros (2 Ti 2:22-26; Tit 1:10-16), pero también del líder cristiano ideal (1 Ti 3:1-13; Tit 1:7-10), de la misma manera que se hacía con personajes públicos tales como los actores y los generales.

3. Confesiones de fe

Preservando la tradición cristiana, Pablo cita lo que parecen ser algunas de las creencias teológicas principales de la iglesia primitiva; es decir, *credos* (1 Ti 2:5; 2 Ti 2:8-13), algunos de ellos en forma de *himnos* (1 Ti 3:16; 6:11-16; 2 Ti 2:11-13; Tit 3:4-7). Es probable que estos credos fueran utilizados en la instrucción de los nuevos conversos al movimiento cristiano, en la predicación del evangelio, en la defensa de la fe en contra de las enseñanzas de los falsos maestros y en la adoración. Tanto el concepto de la moral como el de la fe responden a desafíos y posibilidades muy concretas. Desde sus mismos inicios, la iglesia siempre se ha esforzado por articular sus creencias en respuesta a las necesidades de cada época. Como cristianos latinos/hispanos, debemos buscar la manera de alinearnos con esta trayectoria generando nuestros propios credos. La iglesia primitiva sentó las pautas.

4. Reglas sobre las relaciones familiares

Pablo resume cuáles deben ser la posición y la función de los miembros de la familia cristiana, pero a la luz de los valores y la estructura de la sociedad grecorromana, la cual era patriarcal y muy jerárquica. Desde esta plataforma, Pablo habla sobre las responsabilidades de los hombres y las mujeres, los esposos y las esposas, los padres y los hijos, los ancianos y los jóvenes, y los amos y los esclavos. Pablo aplica el mismo concepto a la organización y funcionamiento internos de la iglesia (1 Ti 2:8-15; 3:1-15; 5:1-20; 6:1-2; Tit 2:1-10), pero también lo extiende a las responsabilidades cívicas de los cristianos (1 Ti 2:1-7; Tit 3:1-7). Esta información es muy instructiva y nos anima a desarrollar nuestras propias ideas sobre la familia y las relaciones fraternales, sobre todo ahora que la sociedad se ha vuelto más complicada.

5. Referencias al Antiguo Testamento

Para dar mayor peso a sus ideas, Pablo recurre a las Escrituras Hebreas. Pocas veces cita el Antiguo Testamento directamente (Dt 25:4 en 1 Ti 5:18; Nm 16:5, 26 en 2 Ti 2:19) ya que prefiere las citas indirectas o ideas de esa fuente (Gn 1:27, 2:7, 22 en 1 Ti 2:13; Gn 3:6, 13 en 1 Ti 2:14;

Introducción

Gn 1:31 en 1 Ti 4:4; Gn 9:3 en 1 Ti 4:3; Ex 7:11, 22 en 2 Ti 3:8; Ex 33:20 o Sal 104:2 en 1 Ti 6:16; Ex 19:5, Dt 4:20, 7:6, 14:2, Sal 130:8 o Ez 37:23 en Tit 2:14; Lv 19:32 en 1 Ti 5:1; Nm 16:26 o 5 en 2 Ti 2:19; Nm 23:19 en 2 Ti 2:13; Dt 10:17, 2 Mac 13:4 o 3 Mac 5:35 en 1 Ti 6:15; Dt 17:6 o 19:15 en 1 Ti 5:19; Job 1:21 o Ec 5:15 en 1 Ti 6:7; Sal 22:21, Dn 6:21-22 o 1 Mac 2:60 en 2 Ti 4:17; 2 S 3:39, Sal 28:4, Sal 62:12 o Pr 24:12 en 2 Ti 4:14; Sal 34:19 en 2 Ti 3:11; Sal 62:10 en 1 Ti 6:17; Pr 23:4 o 28:22 en 1 Ti 6:9; Pr 30:8 en 1 Ti 6:8; Jer 49:11 en 1 Ti 5:5; Ez 18:23 en 1 Ti 2:4; Jl 2:28 en Tito 3:6). Para Pablo, depender solamente del sentido común o de su autoridad como apóstol es suficiente.

6. Bendiciones y alabanzas

Un puñado de veces Pablo alaba a Dios (1 Ti 1:17; 6:15-16; 2 Ti 4:18) pero también expresa buenos deseos para con sus discípulos Timoteo y Tito (1 Ti 6:21; 2 Ti 4:22; Tit 3:15). Por más teórico o práctico que un tema sea, siempre debe dársele a Dios el lugar y el honor que su ser y acciones se merecen. El apóstol nos muestra muy bien esta actitud y espíritu.

Conocer a fondo el género epistolar y otros recursos literarios que Pablo emplea en las pastorales es importante para entender tanto el contenido como el objetivo de estas cartas. Por eso, invito a los lectores a que profundicen en este tema en la medida de lo posible. Conocer la fe cristiana y saber cómo comunicarla van de la mano. No debemos separar el contenido de la forma.

VII. Temas principales

Debido a su naturaleza práctica, personal e informal, en las pastorales no encontramos mucha discusión sobre la naturaleza de Dios o Cristo, como en las otras cartas paulinas. Tampoco encontramos explicaciones sobre temas complejos o abstracciones. A Pablo le preocupa más defender y aplicar el evangelio que explicarlo.

A pesar de todo esto, ciertas palabras o frases claves de las pastorales nos permiten ver ciertos rasgos teológicos de importancia que hacen de las pastorales unos documentos singulares. Por ejemplo, Pablo utiliza la frase "Dios nuestro Salvador" y, algunas veces, no se puede establecer con claridad si esta frase del Antiguo Testamento se refiere a

Timoteo y Tito

Dios o a Cristo (1 Ti 1:1; 2:3; Tit 1:3; 2:10; 3:4; cf. Jud 25, Lc 1:47). Pablo designa a Cristo como "la esperanza" (1 Ti 1:1; cf. Col 1:27). También encontramos algunas frases que Pablo utiliza en sus otras cartas para referirse a Cristo: "nuestro Salvador, Cristo Jesús" (2 Ti 1:10), "Cristo Jesús, nuestro Salvador" (Tito 1:4), y "Jesucristo, nuestro Salvador" (Tito 3:6). Para hablar de la unión íntima del creyente con Cristo por medio de la fe, también encontramos la frase "en Cristo" siete veces en 2 Timoteo (2 Ti 1:2, 9, 13; 2:1, 10; 3:12, 15) y dos veces en 1 Timoteo (1 Ti 1:14; 3:13).

Para Pablo, la salvación es por gracia y no por mérito personal (2 Ti 1:9; Tito 3:5). La vida eterna se obtiene por medio de la fe en Cristo (1 Ti 1:16). Pablo nos recuerda que hay un Dios y un solo mediador, Cristo (1 Ti 2:5). Cristo se dio a sí mismo como rescate por todos nosotros (v. 6). En su venida, Cristo destruyó la muerte y trajo a la luz la vida y la inmortalidad por medio del evangelio (2 Ti 1:10). En uno de los pasajes más claros sobre la naturaleza del Antiguo Testamento, Pablo nos recuerda que toda Escritura es inspirada por Dios y de suma utilidad en la formación del carácter de los cristianos (2 Ti 3:16). En las pastorales notamos lo que parecen ser algunos credos en formación e himnos antiguos con fuerte contenido teológico.

En las pastorales prevalece la idea de "doctrina," como un conjunto determinado de enseñanzas formales y autoritativas para todos los cristianos (1 Ti 1:10; 4:16; 6:3; 2 Ti 4:3; Tit 1:9; 2:1). Esta doctrina tiene varias características que la califican. Para empezar, es una doctrina que Pablo concibe como "sana" o "saludable". Además, es el criterio principal al que la proclamación debe someterse para evaluación. Timoteo debe estar presto a hablar de esta doctrina siempre (2 Ti 4:1-2). Al hacerlo, debe tener cuidado, no sólo de cómo se conduce, sino también de lo que enseña (1 Ti 4:16). Tito debe enseñar lo que está de acuerdo con la sana doctrina (Tit 2:1). De los ancianos se espera lo mismo de modo que puedan neutralizar la influencia de los falsos maestros (Tit 1:9). Según Pablo, la sana doctrina está de acuerdo con las enseñanzas de Cristo y con la piedad (1 Ti 6:3). Lo que los falsos maestros creen, hacen y enseñan es contrario a esa doctrina. Así mismo, debemos señalar que el contenido de la sana doctrina también está presente en todas las instrucciones prácticas y otros puntos de fe que el apóstol comparte con sus discípulos.

Introducción

La manera como Pablo estructura la organización de la iglesia es, fundamentalmente, patriarcal, es decir, centrada en los valores del "hombre" (1 Ti 2:9-15; 3:1-16; 5:1-16; 2 Ti 2:24; Tit 1:5-9; 2:3-5). Existe también la tendencia a defender el estado actual de la sociedad y a exigir que los cristianos se adapten a ella (1 Ti 3:7; 6:1; Tit 2:5, 8). La crítica social y la actitud contraria a la cultura circundante no aparecen en estas cartas. Pablo está preocupado por la reputación de la iglesia o del qué dirán. Con todas las reglas que Pablo presenta, todo parece indicar que la iglesia está comenzando a institucionalizarse. Finalmente, las pastorales reflejan la existencia de una relación de autoridad entre Pablo y sus discípulos, Timoteo y Tito, que es fraternal y sólida, y que Pablo busca cultivar (1 Ti 1:2, 18; 2 Ti 1:2; 2:1; Tit 1:4). En esta relación, el apóstol funge como maestro, mentor y modelo ético, mientras que Timoteo y Tito deben, no sólo acatar las instrucciones recibidas, sino seguir el ejemplo ministerial de Pablo (1 Ti 1:12-20; 4:12; 2 Ti 1:8-14; 2:1-13; 3:10-11; 4:6-8; Tit 2:7). Mucho podemos aprender de esta relación maestro-alumno para nuestra labor de hacer discípulos de todas las naciones, particularmente, en la comunidad de habla hispana.

Primera a Timoteo

Bosquejo

Para poder escribir un comentario a la primera epístola de Pablo a Timoteo, necesitamos saber del desarrollo lógico de las ideas del apóstol, al igual que de su significado e interrelación. Para lograr esto, esperamos que el siguiente bosquejo temático sirva de ayuda.

I. Introducción (1:1-2)
    1. Autoría (1:1)
    2. Destinatario (1:2a)
    3. Saludo (1:2b)

II. La tarea de Timoteo al quedarse en la ciudad de Éfeso (1:3-11)
    1. Timoteo debe contrarrestar la influencia dañina de las falsas doctrinas en las iglesias (1:3-7)
    2. La naturaleza y el propósito de la ley mosaica (1:8-11)

III. La misericordia de Dios y el ministerio de Pablo (1:12-20)
    1. Acción de gracias porque Dios llamó a Pablo al ministerio (1:12-14)
    2. Pablo, el peor de los pecadores, y la gracia divina (1:15-17)
    3. Timoteo debe mantenerse firme en la fe y en el ministerio (1:18-20)

IV. Recomendaciones sobre el culto y el liderazgo en la iglesia (2:1-3:16)

1. Conducta apropiada en las asambleas de adoración (2:1-14)
    a. Oración por las autoridades civiles (2:1-7)
    b. Cómo deben orar los hombres (2:8).
    c. El decoro, la posición y la función de las mujeres (2:9-14)
2. Las cualidades y las funciones del liderazgo (3:1-13)
    a. Los ancianos (3:1-7)
    b. Los diáconos (3:8-13)
3. La próxima visita de Pablo, la adoración y el rol de Timoteo y de cada creyente (3:14-16).

V. La apostasía, las falsas doctrinas y la función de Timoteo (4:1-16)
1. La apostasía y las falsas doctrinas (4:1-5)
2. La tarea de Timoteo para enfrentar este peligro (4:6-16)

VI. Instrucciones acerca de la posición y la función de varios grupos en la iglesia (5:1-6:2)
1. Los ancianos y los jóvenes (5:1- 2)
2. Las viudas (5:3-16)
3. Los ancianos que ejercen liderazgo eclesiástico (5:17-20)
4. Consejos sobre el liderazgo de Timoteo (5:21-25)
5. Los esclavos (6:1-2)

VII. Disposiciones sobre los falsos maestros, los ricos y las riquezas (6:3-19)
1. Las falsas enseñanzas y el peligro del amor al dinero (6:3-10)
2. Timoteo y el amor al dinero (6:11-16)
3. Normas sobre la conducta de los ricos (6:17-19)

VIII. Conclusión (6:20-21)
1. Consejo final (6:20-21a)
2. Despedida (6:21b)

I. Introducción (1 Timoteo 1:1-2)

Como suele hacerlo en todas sus epístolas, Pablo encabeza su primera carta a Timoteo con una sucinta introducción. En ella, el apóstol se identifica personalmente (1:1), señala quién es el destinatario de su carta, es decir, Timoteo (1:2a) y le extiende un saludo pastoral (1:2b).

Primera a Timoteo

Esta introducción es muy parecida a la segunda epístola a Timoteo (2 Ti 1:1-2).

1. Autoría (1:1)

Pablo se presenta (1:1a) a sí mismo por medio de su nombre romano o latino "Pablo" (lit. "el pequeñito"), en vez de su nombre hebreo, "Saulo de Tarso". El nombre de Pablo aparece en todas las cartas atribuidas a su persona, trece en total. Según parece, el apóstol adoptó el hábito de llamarse así a partir del comienzo de su misión a los gentiles (Hch 13:9); además, es muy posible que a Pablo se le hubiese conocido por dicho nombre fuera de Palestina, ya que era ciudadano romano de nacimiento y judío helenista (Hch 22:27-28). Además de su nombre personal, Pablo se presenta por medio del título religioso de "apóstol" (1:1b). Ésta es la transliteración de una palabra griega que significa "enviado (con una misión)". Pablo utiliza el mismo vocablo para referirse a su persona en nueve de sus epístolas, incluyendo las pastorales (2 Ti 1:1; Tit 1:1). Las excepciones a esta regla son Filipenses, Primera y Segunda a los Tesalonicenses y Filemón. No sabemos por qué la palabra "apóstol" no se emplea en los encabezamientos de esas cartas. En Tito, Pablo añade el rótulo de "esclavo" o "siervo" (Tit 1:1). Jesús utilizó el título de "apóstol" para designar a los primeros doce discípulos (Lc 6:13); luego el término se aplicó a Matías, quien sustituyó a Judas Iscariote (Hch 1:23-26). Posteriormente, la palabra se aplicó a personas tales como Pablo y Bernabé, misioneros para servir al mundo gentil (Hch 14:14). A la luz de este trasfondo, dicho título connota la idea de autoridad y es así como Pablo lo utiliza en las pastorales.

La autoridad a la que Pablo apela con el título de "apóstol" no es algo de mera iniciativa e invención humanas. Tiene el aval de Dios, nuestro "Liberador" o "Salvador" y el de Jesús, el Mesías o el Ungido de Dios, nuestra "Esperanza" (1:1c). Aunque sólo Dios aparece aquí con el título de "Salvador", en las pastorales Pablo atribuye el mismo tanto a Dios como a Jesús (2:3; 4:10; 2 Ti 1:10; Tit 1:3-4), hecho que revela, indirectamente, la divinidad de Jesús. Dicho título se aplicaba a Jehová en el Antiguo Testamento, (Is 45:15) pero también se utilizaba en la adoración al emperador romano. Referirse a Dios o a Cristo de esta forma podía verse como un desafío al jefe máximo del imperio. La doble manera como Pablo se presenta también revela tanto la fuente de esta carta como la autoridad divina de quien la escribe o ambas cosas—en caso de que Pablo no haya utilizado la ayuda de un amanuense.

2. *Destinatario (1:2a)*

Luego de su presentación personal, Pablo menciona a Timoteo (lit. "quien honra a Dios") como destinatario principal de esta carta a quien califica como su "leal hijo" (lit. "legítimo"). Esto hace suponer que Pablo es "padre espiritual" de Timoteo. Como ya mencionamos en la introducción a este comentario, es muy posible que Timoteo se haya convertido a Cristo gracias al trabajo misionero de Pablo (Hch 16:1-2; 1 Co 4:17; Filp 2:22; 1 Ts 3:2; 1 Ti 1:2, 18; 6:20; 2 Ti 1:2). Luego de este evento, sabemos que Timoteo llegó a ser un líder ejemplar en la iglesia primitiva (Hch 17:14-15; 18:5; 19:22; 20:4; Ro 16:21; 1 Co 4:17; 16:10; 2 Co 1:19; Filp 2:19, 22; 1 Ts 3:2, 6). Que Timoteo es fruto de la labor de Pablo es consistente con la manera como el apóstol se expresa de su discípulo en sus otras epístolas (1 Co 4:17; Filp 2:19-22; 4:3). Los falsos maestros, a quienes Pablo está a punto de denunciar en ésta y en las otras cartas pastorales, son la antítesis de la fidelidad de Timoteo al evangelio (cf. 1:4, 6). Si Pablo es "padre en la fe" de Timoteo, esto quiere decir que el contenido de Primera a Timoteo debe verse como las recomendaciones de un maestro a su joven discípulo, con quien guarda y anhela fortalecer su relación fraternal. Como acotación, debemos recordar que Pablo, posiblemente, deseaba, también, que esta carta se leyera en las iglesias a las que Timoteo habría de supervisar y que sus enseñanzas se pusieran en práctica. Desde esta perspectiva, Timoteo no es necesariamente el único destinatario (cf. 4:6, 11, 13, 16; 6:17-18, 21). Segunda a Timoteo y Tito también deben interpretarse a la luz de estos dos principios.

3. *Saludo (1:2b)*

La introducción a esta primera epístola a Timoteo termina con una salutación. Pero más que un saludo religioso, como muchos de nosotros hacemos cuando escribimos una carta, Pablo comparte su buena voluntad para con Timoteo, casi a manera de oración. Lo mismo hará al final de su carta (6:21). Para poder llevar a cabo su misión, Timoteo necesitará del favor, la calma de mente y corazón, y la compasión que sólo Dios y Cristo pueden conceder (cf. 2 Ti 1:2, donde Pablo añade la palabra "misericordia"). El joven Timoteo necesita escuchar este mensaje de aliento ante los desafíos eclesiásticos y sociales que ha de enfrentar, y también para que su salud sea restaurada (5:23). Todo líder necesita de estos ingredientes espirituales para ejercer un ministerio exitoso.

II. La tarea de Timoteo al quedarse en Éfeso (1 Timoteo 1:3-11)

Primera a Timoteo no tiene una sección de acción de gracias, como Pablo acostumbra incluir en sus otras epístolas luego de su salutación. Por el contrario, Pablo va al grano e identifica el propósito de la carta. La urgencia de la tarea que Timoteo tiene por delante lo obliga a ello. Por una parte, Pablo le reitera a su discípulo en qué consiste su misión pastoral en la ciudad de Éfeso: neutralizar la mala influencia de las enseñanzas predicadas por los falsos maestros (1:3-7). Por otra, el apóstol hace un paréntesis para hablar acerca de la ley mosaica y rebatir algunas ideas equivocadas que los falsos maestros tienen sobre la naturaleza y función de ésta (1:8-11). La meta final es proteger a las iglesias contra la destructiva influencia de los falsos maestros. Aun cuando desconocemos cuál fue el contenido específico de estas falsas enseñanzas y quiénes fueron sus maestros (cf. 1:6; 4:1; 5:24; 6:10, 21), parece ser que sus difusores fueron judíos cristianos que favorecían los asuntos de la ley judaica y relegaban a un segundo plano la fe en Cristo y la moralidad. Es posible que alguna forma de gnosticismo haya influido, también, en esta forma de pensamiento (6:20).

1. *Timoteo debe contrarrestar la influencia dañina de las falsas doctrinas en las iglesias (1:3-7)*

Pablo le recuerda a Timoteo que su misión consiste en prohibir que se enseñe una doctrina contraria a la tradición cristiana en la que fueron formados Pablo, Timoteo y las iglesias. Para tal fin, este joven ministro debe reeducar a quienes proclamen un mensaje diferente (1:3). La labor de Timoteo es educativa, así como ha sido la de Pablo para con él (cf. 1:5, 18; 4:11; 5:7; 6:13, 17). Rumbo hacia la provincia de Macedonia, en Grecia, en alguno de sus viajes misioneros luego de haber salido de su primer encarcelamiento en Roma (el cual duró dos años), el apóstol dejó a Timoteo en Éfeso (puerto ubicado a las orillas del mar Egeo, en el sureste de Asia Menor) y lo autorizó para que realizara este tipo de trabajo. Ahora, Pablo se lo menciona de nuevo a Timoteo por escrito. Su misión no ha cambiado. En el ministerio nunca está demás que se nos recuerde de las responsabilidades que ya conocemos. Más específicamente, parte de esta desafiante tarea implica enseñarles a no perder el tiempo reflexionando sobre cuentos fantasiosos y genealogías que no tienen fin. Esto parece ser una referencia a algunos pasajes tomados del Antiguo Testamento (Gn 4-5) o del gnosticismo (cf. 4:7; 2 Ti 4:4; Tit 1:14; 3:9) sobre los cuales estos instructores especulaban. Tito habla de "mitos judíos" (Tit 1:14), lo cual hace suponer que estos maestros eran judíos. Enfocarse en estos temas no educa, sino que promueve discusiones improductivas; no avanza la obra de Dios cuyo fundamento es la confianza en Dios (1:4). En otras palabras, es mala mayordomía de la misión cristiana.

Este encargo dado a Timoteo no tiene otro objetivo sino el de promover el amor (1:5), el valor moral más importante de la tríada amor, fe y esperanza (cf. 1 Ts 1:3; 5:8; 1 Co 13:13). El amor a Dios y al prójimo es el origen y la meta de la vida cristiana; no el tratamiento de temas irrelevantes que promuevan la división y la apostasía. Según Pablo, este amor proviene de tres fuentes: un corazón puro (la sede de los pensamientos), una limpia conciencia (la capacidad para distinguir entre el bien y el mal) y una fe honesta (la confianza transparente en Dios). Lo que le preocupa al apóstol es que, en vez de enfocarse en el amor cristiano, muchos cristianos se han apartado de la fe por causa de discusiones sin sentido (1:6). Pablo quiere que Timoteo evite más pérdidas. La reflexión crítica y los debates son importantes, pero siempre y cuando fortalezcan la fe cristiana y nos ayuden a vivir vidas comprometidas con Dios y nuestros semejantes.

2. La naturaleza y el propósito de la ley mosaica (1:8-11)

De acuerdo al pensamiento de Pablo, el comportamiento equivocado de los maestros cretenses obedece a una mala interpretación y aplicación de la ley dada a Moisés. Es por ello que Pablo se detiene para reflexionar sobre la esencia y la función de aquella, a fin de instruir a Timoteo sobre este asunto. Siendo consistente con su interpretación de la ley judaica en sus otras epístolas (cf. Ro 7-8; Gl 3-4), Pablo reafirma que la ley es buena, pero siempre y cuando se le dé un buen uso (1:8; cf. Ro 7:12, 16). Además, en términos prácticos, la ley ha sido diseñada para responsabilizar solamente a quien la infringe. Necesitamos de ella para castigar a los criminales y proteger al resto de la sociedad. Quien es "justo" o "recto" y cumple con sus mandamientos, no es juzgado por ella (1:9a). Así que la ley tiene una dimensión funcional que valida su razón de ser.

Después de hablar sobre estos principios teóricos (1:8-9a), el apóstol da una lista de vicios morales que la ley condena (1:9b-10). Esta lista no es exhaustiva sino, más bien, representativa y tradicional. Al igual que muchos judíos y helenistas, Pablo condena muchos de estos vicios en sus epístolas (Ro 1:24-32; 1 Co 5:11; 6:9-10; Gl 5:19-21). En la primera parte de esta lista, Pablo se refiere a los infractores de la ley en un sentido amplio: los infractores de la ley y los rebeldes, los impíos y los pecadores, y los irreverentes y los profanos (1:9). En la segunda parte, el apóstol se enfoca en aquellos vicios que violan los mandamientos del Decálogo y otros similares, que afectan las relaciones con el prójimo (1:10-11): los fratricidas y los matricidas (Ex 21:15), los asesinos (Ex 20:13), los adúlteros y los hombres homosexuales (posiblemente una referencia a "la pederastia" o el sexo con jóvenes que servían de prostitutos, no a la homosexualidad como la definimos hoy; 1 Co 6:9) (Ex 20:14, 17), los traficantes de esclavos o los secuestradores (Ex 20:15), y los mentirosos y quienes juran en falso (Ex 20:16). Muy particularmente, la ley inculpa a quienes violan "la sana doctrina"; es decir, los falsos maestros (1:10). Además, dicha doctrina está en conformidad con el evangelio divino que Dios le confió a Pablo (1:11; cf. 1 Co 9:17; Gl 2:7; 1 Ts 2:4).); no es un invento humano. El evangelio es un depósito que Dios entrega para que se administre apropiadamente, aun a personas como Pablo, alguien que, en un momento, se ensañó en contra de la iglesia y la hostigó (cf. 1:12-14). Se espera que Timoteo recuerde todos estos consejos y los enseñe a sus comunidades de fe.

III. Acción de gracias por la misericordia de Dios (1 Timoteo 1:12-20)

Al final del pasaje anterior, Pablo habló sobre el evangelio que Dios le entregó en sus manos para que fuera buen mayordomo (1:11). Esta coyuntura se presta para que el apóstol reflexione ahora sobre su llamado al ministerio y agradezca a Dios por haberle bendecido y escogido para dicha vocación (1:12-17). El Dios que le concedió este privilegio a Pablo, es el mismo Dios que ha llamado a Timoteo al ministerio. Por eso, Pablo exhorta a este joven ministro a honrar y a luchar por su propio ministerio (1:18-20). La gracia divina da para todos.

1. Acción de Dios al llamar a Pablo al ministerio (1:12-14)

Poniendo a Timoteo como testigo para dar peso a su argumentación, Pablo agradece profundamente a Dios por haberle colocado en el ministerio y dado su confianza para servirle (1:12). Muchas de sus epístolas comienzan con una sección de "acción de gracias" a Dios, resaltando algunas cualidades o experiencias positivas de sus lectores y siendo mucho más que una mera estrategia estilística para persuadirles (cf. Ro 1:8-15; 1 Co 1:4-9). En este texto, sin embargo, Pablo le agradece a Cristo por lo que ha hecho a su favor. El tono es sincero y apasionado. Las razones de su agradecimiento son claras y concretas. Cristo es la fuente de su fortaleza; él es quien lo ha mantenido incólume y fiel. Antes de su encuentro liberador con el Cristo resucitado, rumbo a Damasco, Pablo maldecía el nombre de Cristo. Era, también, un hombre violento y persiguió a la iglesia (Hch 8:1-3; 9:1-2, 4-5; 22:4-5; 26:9-11; 1 Co 15:9; Gl 1:13). Estas acciones, reflexiona Pablo años más tarde, las hizo en "incredulidad" e "ignorancia" (1:13). Antes de su radical conversión y llamado, Pablo estuvo convencido de que lo que hacía en contra de la iglesia era correcto (cf. Hch 23:1). Pero la experiencia con Cristo cambió su forma de ver las cosas (1:14). A pesar de lo que fue e hizo, Dios le extendió su gracia en abundancia sin pensarlo dos veces o esperar algo a cambio. Paradójicamente, Dios lo perdonó y colmó de bondades. La verdadera misericordia no mide la condición moral de la persona como criterio de elegibilidad. Supone un acto libre y soberano de parte de Dios. La lección es clara: mientras peor sea la condición del ser humano, mayor aún es la bienhechora gracia divina. Agradecer y exaltar a Dios o a Cristo por su gracia es una necesidad y obligación. Compartir esta experiencia con los demás también lo es. Reconocer nuestra condición antes y después de la conversión realza el poder y el alcance del amor divino.

2. Pablo, el peor de los pecadores, y la gracia divina (1:15-17)

La misión salvadora de Cristo es obvia y se aplica a todo cristiano regenerado, como bien lo atestigua lo que parece ser el extracto de un himno cristiano temprano (cf. 1 Ti 3:16; 6:11-16; 2 Ti 2:11-13; Tit 3:4-7). Pablo lo cita para reforzar sus ideas: "Cristo vino a salvar a los pecadores". Pero, para el apóstol, estas palabras adquieren un significado muy personal; no son mera teoría o ejercicio ritual. Cristo vino a sacar del lodo a personas como él, "el peor de los pecadores" (1:15-17). Con tono enfático, Pablo reitera la veracidad de este mensaje con la expresión: "Es digna de confianza y de ser aceptada por todos esta afirmación" (1:15). Ésta es una fórmula estilística que el autor utiliza para dar fuerza a su argumentación, y que sólo se encuentra en las pastorales (cf. 3:1; 4:9; 2 Ti 2:11; Tit 3:8). Normalmente, esta enfática fórmula está conectada a una máxima moral o doctrina cardinal de la fe cristiana, en la cual el cristiano debe colocar toda su confianza. Que Cristo vino para liberar a todos es el corazón del evangelio, el cual debe afirmarse con fuerza.

Este libre acto del amor de Cristo para con Pablo no fue ninguna coincidencia o evento carente de significado; tenía un propósito bien definido antes de que sucediese (1:16), si bien no tenía este significado al principio del peregrinaje de Pablo. Dios controla el devenir de nuestra historia religiosa. Nos da, también, un par de "anteojos nuevos" para reinterpretarla en su debido momento. En el reloj de Dios, el antes victimario de la iglesia pasó a ser objeto de la gracia para que predicara sobre esa misma gracia a otras personas, quizá, como él o peor que él. La experiencia de Pablo sirve de ejemplo para la historia. Si Dios fue capaz de perdonar a este perseguidor, con mucho más razón lo hará con otros pecadores. Haber experimentado el amor de Dios a plenitud sólo merece un tipo de respuesta: ¡Prorrumpir en alabanza al Dios eterno y poderoso! Así lo hace Pablo aunque con ello rompa ciertos protocolos o asuntos de estilo (1:17). La espontaneidad del apóstol para escribir doxologías de esta clase es ya un hábito (6:15-16; 2 Ti 4:18; cf. Ro 11:36; 16:27; Gl 1:5; Ef 3:21; Filp 4:20).

3. Timoteo debe mantenerse firme en la fe y el ministerio (1:18-20)

La conexión entre este pasaje y el anterior es concreta pero implícita (1:12-17). Pablo ha reflexionado en voz alta sobre su llamado al ministerio para estimular a Timoteo a que haga lo mismo en relación con el suyo. De ahí, que lo incentive a seguir luchando (1:18-19a). Para reafirmar este punto, Pablo también presenta algunos ejemplos negativos de quienes han hecho lo opuesto (1:19b-20). El riesgo de la apostasía no excluye a los líderes.

Naturalmente, confrontar a los falsos maestros no es tarea fácil. Es una lucha cuerpo a cuerpo para la cual hay que recibir entrenamiento (6:12; 2 Ti 4:7; cf. 2 Co 10:3-5; Filp 1:27-30). Sin embargo, Timoteo debe cumplir con su cometido a como dé lugar. Para que esto suceda, tiene que poner en práctica todas las instrucciones paulinas (cf. 1:3-5; 2:1-6:20). Por eso, Pablo anima a su "hijo" (espiritual) a fortalecer su fe y a honrar su llamado al ministerio. Por medio de algunos profetas, Dios anticipó y certificó este ministerio cuando Timoteo fue ordenado a éste (1:18-19a; 4:14; cf. Hch 13:1-3). Aunque no tenemos detalles al respecto, dicha ordenación o comisión fue un acto público y formal.

Desgraciadamente, no todo líder es fiel al llamado divino. Algunos han caído en el combate y se han desviado de la fe hasta el punto de maldecirla (1:19b-20). Blasfemar el nombre de Cristo antes de la conversión se entiende, pues es algo que se hace en ignorancia y falta de fe, como en el caso de Pablo; luego de la conversión y de tener conocimiento de la verdad, es algo imperdonable por ser un acto de rechazo a plena conciencia. Himeneo y Alejandro son ejemplos de esta desgracia. El primero, junto con Fileto, predicaba que la resurrección ya había sucedido y trastornaba con ello la fe de muchos (2 Ti 2:17). El segundo hizo mucho daño a Pablo (2 Ti 4:14; cf. Hch 19:34); se cree que, posiblemente, fue responsable del segundo encarcelamiento de Pablo en Roma. El barco de la fe de ellos se fue a la deriva y naufragó. Tal es la gravedad de la apostasía de estos individuos, que Pablo los entregó a Satanás para que éste se encargara de ellos. Es posible que esta medida disciplinaria implique, también, su expulsión de la iglesia (cf. 1 Co 5:3-5; Tit 3:10). A la misma vez, el apóstol quiere evitar que

Timoteo se aparte de la fe o que su ministerio se debilite. Un buen maestro o mentor se preocupa del bienestar de su discípulo, lo anima y le advierte sobre peligros potenciales. La fe y la buena conciencia son la clave para que Timoteo pueda tener éxito. Pablo está al tanto de que cultivar la fe en Cristo es el mejor antídoto contra los resbalones en la vida cristiana y las ideologías que llevan a ellos. Para poder enseñar a otros a ser fieles a la sana doctrina se necesita ser fiel a ella en primer lugar. No se puede dar a otros lo que no se tiene. No se debe exigir que otros hagan lo que uno no ha hecho.

IV. Recomendaciones sobre el culto y el liderazgo en la iglesia (1 Timoteo 2:1-3:16)

Después de declarar en qué consiste la misión de Timoteo en Éfeso (1:3-7), desmentir la falsa concepción que los falsos maestros tienen de la ley judaica (1:8-11), y reflexionar un poco sobre su llamado al ministerio y la gracia divina para estimular a que Timoteo se enfoque en su ministerio (1:12-20), Pablo dirige su atención a algunos asuntos internos de la iglesia de Éfeso. Ahora, comparte con Timoteo algunos lineamientos más detallados que éste debe enseñar y poner en práctica en las comunidades de fe bajo su supervisión. Éstos tienen que ver con la conducta apropiada en la adoración (2:1-14) y las cualidades y funciones de los líderes (3:1-13). Esta sección termina con una enfática exhortación a cumplir con estas recomendaciones, en la que Pablo, también, comparte su deseo de reencontrase con Timoteo (3:14-16).

1. Conducta apropiada en las asambleas de adoración (2:1-14)

Por cuanto la adoración es central en la vida de la iglesia, Pablo tiene algunas recomendaciones prácticas que dar, primero, a los cristianos en general (2:1-7), luego, a los hombres (2:8) y, finalmente, a las mujeres (2:9-15). "El hablar con Dios" (sea en forma de oración o rezo) encabeza la lista de mandatos paulinos (2:1-7). Ya que la oración no discrimina, lo primero que el creyente debe hacer es orar por toda la humanidad (2:1). Esto implica interceder a su favor, presentando necesidades concretas ante Dios, suplicando por su intervención cuando hay situaciones difíciles y siendo agradecido (2:8). Dentro del amplio marco de la oración, y consciente de que las condiciones socio-políticas deben ser favorables para que los cristianos practiquen su fe y puedan proclamar el evangelio a todas las naciones, Pablo recomienda que se ore ante Dios, específicamente, a favor de todos los gobernantes, para que reine la armonía entre los pueblos (2:2). Esto incluye tanto a la cabeza del Imperio Romano, el César, como a los funcionarios de menor rango que sirven al imperio y a otras naciones bajo la autoridad de éste, sean éstos crueles o no. Recordemos que el Pablo que anima a los cristianos a adoptar este tipo de conducta es el mismo Pablo que fue perseguido y encarcelado muchas veces, y que, cuando se escriben las pastorales (61-67 d. C.), el cruel emperador Nerón estaba en el poder. Fue él quien autorizó la ejecución de Pablo (67-68 d. C.). No obstante, en vez de guardar rencor, denunciar las injusticias, invitar a la rebelión o pedir a Dios que mandara fuego del cielo, Pablo recuerda a los creyentes que el proceder correcto es interceder ante Dios para que los dirigentes políticos creen un clima de paz. Orar de este modo, añade el apóstol, es bueno y complace a Dios (2:3).

¿Por qué orar por la paz? La línea de pensamiento de Pablo parece sugerir que un ambiente de paz favorece la predicación del evangelio, de modo que muchas personas pueden convertirse a la fe cristiana. Justamente después de los v. 1-3, el apóstol da a entender que Dios quiere que todos los pueblos sean liberados de su condición de pecado y reconozcan la verdad del evangelio (2:4; 6:20; cf. 2 Ti 2:25; 3:7; Tit 1:1), aquella que los falsos maestros tuercen a su antojo. La inestabilidad social, o la inhabilidad de las autoridades civiles para ejercer su función, no permitiría la proclamación del evangelio o lo haría cuesta arriba. Por eso, hay que orar para que impere la tranquilidad y la reverencia a Dios en la sociedad. Citando lo que parece ser un credo temprano, Pablo nos recuerda que la salvación de la humanidad es el meollo de la agenda divina (2:5; cf. 4:10; Tito 2:11), de la cual Cristo es único mediador (cf. Heb 8:6; 9:15; 12:24). La salvación se ofrece a todos, pero solamente quienes la reciben por fe son salvos. Cristo murió por todos (2:6; cf. Jn 3:16; 2 Co 5:14-15); nos rescató de la esclavitud del pecado comprándonos con su sangre. Pero da la impresión de que Pablo no puede hablar del evangelio y la voluntad divina sin pensar en su "llamado". Así que se detiene de nuevo a hablar sobre este tema de manera enfática (cf. 1:11-17). Otra vez, Pablo ha sido comisionado para predicar la salvación a los pueblos no judíos (4:7; cf. 2 Ti 1:11).

Primera a Timoteo

Nadie tiene base para dudar de ello (cf. 2 Co 10:10). En virtud de tal llamamiento, a Pablo se le conoce como "el apóstol de los gentiles" (1 Ti 2:7; 3:16; 2 Ti 4:17; cf. Hch 9:15; Ro 1:13; 11:13; 11;16; Gl 1:16; 2:9; Ef 3:1, 8; Filp 3:5).

Por su carácter contextual, los consejos paulinos en torno a la oración no son exhaustivos ni excluyen otro tipo de peticiones. ¿Qué de las atrocidades cometidas por quienes detentan el poder y exigen sumisión absoluta a cambio de ciertos beneficios, tal y como los romanos lo hicieron por medio de la llamada "paz romana" para con los pueblos de los tiempos del Nuevo Testamento? ¿Por qué no orar, también, para que Dios cambie el sistema de gobierno o hasta derroque los regímenes opresores? Aún más, ¿por qué no hacer presión para ayudar a que esto suceda? ¿O es que solamente la condición y la misión de la iglesia interesan, y los cristianos deben mantenerse al margen de los procesos de cambios socio-políticos, económicos, etc.? Sin la debida reflexión crítica sobre este corto pasaje, la oración podría, fácilmente, convertirse en una oración de conveniencia, egoísta, preservadora del status quo o utilitaria y, por lo tanto, desprovista de sensibilidad por el bienestar de otras personas. La oración cristiana debe ser una oración militante.

Luego de hablar sobre la oración (2:1-7), Pablo seguidamente se enfoca en las reuniones culturales y la conducta apropiada que tanto los hombres como las mujeres deben adoptar dentro de ese contexto (2:8-15). Debido al "machismo" que caracterizó a Pablo y a otros como él en tiempos bíblicos, el apóstol comienza con los hombres, pero les dice muy poco sobre su posición y funciones (2:8). Para Pablo, no existe lugar o tiempo especial para comunicarse con Dios; la forma o posición que se adopte para tal fin no importa tampoco. Los hombres, quienes son la autoridad en los cultos de adoración, deben orar en todo lugar y tiempo, y con las manos en alto hacia el cielo, como se acostumbraba entre los judíos y muchas personas de la sociedad helenista. Pero, como es de esperarse, la oración carece de sentido cuando no hay santidad que la respalde, especialmente, cuando el enojo se traduce en peleas. El espíritu con el que se ora es tan importante como la conducta que lo expresa y honra. Por tanto, Pablo exige que todos los hombres oren sin ira ni contiendas. La paz debe imperar en la iglesia y no sólo en la sociedad (2:2).

Si el enojo expresado en riñas desestabiliza a las iglesias (2:8), también contribuiría a ello la falta de decoro en las mujeres y la adopción de una posición y función contrarias a los dictámenes de la cultura, con la cual las iglesias deben estar en armonía (2:9-15). Como ya sabemos, Pablo rechaza el desorden y la confusión en los cultos (cf. 1 Co 14:33). Por tal motivo, las mujeres de las iglesias de Éfeso deben cultivar las virtudes tradicionales de la sociedad judía y helenista: es decir, tienen que vestirse con decencia y humildad, lo cual implica no tener peinados ostentosos y joyas (2:9; cf. 1 P 3:3). Hacer lo contrario las confundiría con prostitutas, reafirmaría algunos de los valores sociales de la clase alta y centraría la atención sobre asuntos muy superficiales. Como los demás creyentes, ellas deben, mejor, dedicarse a hacer el bien (2:10; cf. 5:10, 25; 6:18; Tit 2:7, 14; 3:8, 14). Una mujer consagrada a Dios muestra su consagración por medio de su apariencia personal, actitud y conducta. En el caso de las mujeres casadas, éstas deben someterse a sus esposos totalmente y aprender en silencio (2:11; cf. Ef 5:22; Col 3:18; Tit 2:5; 1 P 3:1; cf. Gn 3:16). La insubordinación y la labor didáctica en cultos de adoración les están prohibidas (2:12; cf. 1 Co 11:5; 14:34-35). Según parece, Pablo no se opone aquí a que las mujeres enseñen, ya que muchas ejercieron este ministerio. Pablo acepta el ministerio de las profetisas (1 Co 11:2-16), reconoce el liderato de mujeres (Ro 16:1-5, 7, 12, 15), anima a que las ancianas enseñen a las jóvenes a cumplir con sus roles tradicionales (Tit 2:3-4), y enaltece la labor didáctica de la abuela y la madre de Timoteo al enseñarle las Escrituras (2 Ti 1:5; 3:15). Lo que el apóstol prohíbe es, más bien, la usurpación de la autoridad del hombre en las asambleas de adoración formalmente establecidas. Según Pablo, dirigir y predicar en los cultos es prerrogativa masculina. La mujer debe reconocer este orden.

El apóstol no se ha inventado estas reglas arbitrariamente. Según él, la subordinación de las mujeres en el culto y su silencio son inherentes a la creación misma. Obviando algunas de las complejidades del caso, sus razones son dos: Adán fue creado primero (2:13; cf. Gn 2:21-23; cf. Gn 1:27) y Eva fue engañada y cayó en pecado (2:14; Gn 3:1-6; 13; 1 Co 11:3). La idea detrás de esta lógica parece ser que la mujer (a quien Eva representa) puede ser engañada "fácilmente" por "no tener la capacidad para liderar" y ser "débil" y, por lo tanto, no debe estar a cargo de la iglesia ni enseñar. El riesgo de que los falsos maestros se aprovechen de la vulnerabilidad y la falta de firmeza de las mujeres es muy grande. Para que esto no suceda, Pablo dice, antes que ejercer autoridad sobre el hombre y enseñar (lo cual les corresponde a "los hijos de Adán", por así decirlo), la mujer debe casarse y tener hijos; es decir, debe cumplir con su función tradicional de ser esposa y madre (2:15). De esta manera, se librará de la influencia maligna de los falsos maestros y salvará su vida de sus garras, espiritual y físicamente; es decir, no apostatará de la fe. Muchos eruditos creen que estas palabras de Pablo (que, obviamente, reflejan ciertos prejuicios y estereotipos machistas) deben verse, principalmente, como una reacción a la exigencia de los falsos maestros de que las mujeres debían ser célibes: no debían casarse y tener hijos (4:3; 5:10, 14).

Si Pablo adopta una posición política muy conservadora en torno a la responsabilidad cristiana con respecto al estado al pedir que se ore por la paz, sin pensamiento crítico, en 2:9-15 y 2:8, Pablo adopta una posición bastante machista, de la cual muchos chauvinistas se han aprovechado para seguir marginando a la mujer en la iglesia y en la sociedad. No sólo Pablo da muy pocas recomendaciones a los hombres y no dice nada con relación al decoro de los hombres, sino que, además, refuerza la posición y la función de la mujer y del hombre en la iglesia, a la luz de los valores seculares de la época. Lo que es más, los "justifica", citando parte de la historia de la caída en el Edén y obviando otros aspectos de esa historia bíblica que responsabilizan a Adán también. En su discusión sobre el tema, es obvio que Pablo pasa por alto el capítulo 1 del Génesis (a pesar de que sabe lo que dice, cf. 1 Co 11:7; Col 3:10), en donde no hay jerarquía u orden alguno (Gn 1:26-27). Las prohibiciones dirigidas a las mujeres, por otro lado, sugieren que algunas mujeres, sintiéndose liberadas por el Espíritu (como también sucedió con los esclavos), comenzaron a romper con algunos patrones culturales; pero sus esfuerzos cayeron en oídos sordos. Así que, Pablo, temiendo que el asunto se escapara de las manos y que las iglesias se dividieran por causa de ello, tomó la ruta más conveniente y fácil; es decir, controlar este movimiento de liberación entre las mujeres. A pesar de que muchos hombres (y hasta mujeres) insisten en regresar al mundo de la Biblia y someter a las mujeres a estos requerimientos, gracias a Dios, muchas mujeres hoy día pueden ser obispos, pastoras, maestras y líderes en un creciente número de denominaciones cristianas. Hay que seguir luchando por la igualdad entre los sexos dentro y fuera de la iglesia.

2. *Las cualidades y las funciones del liderazgo (3:1-13)*

El reflexionar sobre la adoración se presta, lógicamente, para hablar sobre el liderato pastoral ideal, a la par de la estructura eclesiástica que lo posibilita. Partiendo de una organización sencilla y práctica, pero que a la vez refleja los valores de la sociedad secular, Pablo tiene algunas recomendaciones para los obispos o ancianos de las iglesias (3:1-7) y para los diáconos (3:8-13).

Para diferenciarse de los falsos maestros, "los obispos" de la iglesia deben ser personas de alto carácter moral en el hogar y dentro y fuera de la iglesia. También deben tener las cualidades, las destrezas y las habilidades básicas para relacionarse bien con los demás y desempeñar con éxito su ministerio pastoral (3:1-7). El oficio de "obispo" se menciona en el Nuevo Testamento varias veces (Hch 20:28; Filp 1:1; 1 Ti 3:2; Tit 1:7; 1 P 2:25); lo mismo sucede con la palabra "anciano" y por separado (Hch 14:23; 15:22-23; 16:4; 1 Ti 5:17-20; Stg 5:14). Pero a la misma vez, la evidencia en el Nuevo Testamento sugiere que los términos "obispo" (lit. "supervisor" o "superintendente") y "anciano" ("persona mayor" y, por ende, "madura") fueron utilizados, intercambiablemente, para referirse al mismo oficio eclesiástico; es decir, para designar al pastor de una congregación (Hch 20:17, 28; Filp 1:1; Tit 1:6-7), como es el caso aquí, en Primera a Timoteo. No obstante, debido al crecimiento de la iglesia y a la necesidad de organizar el liderazgo más efectivamente, las iglesias fueron separando estos dos oficios hasta el punto de que el rango de "obispo" llegó a ser un rango más alto que el de "anciano".

Pablo da una lista de requisitos que estos obispos deben reunir, la cual es muy parecida a la que se encuentra en Tito 3:6-9. Pero antes de enumerarlos y explicar algunos de ellos, Pablo indica que aspirar al oficio de obispo no es aspirar a cualquier cosa (3:1). El tal es muy honorable pero, a la vez, muy exigente. Para nuestra desilusión, sólo "los hombres" califican para ello (cf. 2:11-15). Si bien no son completos, Pablo destaca, por lo menos, quince requisitos, que son pertinentes a la situación de las iglesias de Éfeso, como respuesta al peligro de las falsas doctrinas. El obispo debe ser una persona contra quien no se puedan hacer acusaciones de ningún

Primera a Timoteo

tipo pues es intachable (3:2a; cf. 5:7; 6:14); casado con una sola mujer en vez de tener varias esposas como muchos solían hacer en la sociedad grecorromana (3:2b); sobrio (lit. "no mezclado con vino"), juicioso (o con dominio propio) y respetable (3:2c). Dicho de otro modo, su carácter y capacidad para tomar decisiones con claridad de pensamiento son atributos indispensables. Se espera, también, que los obispos siempre estén dispuestos a recibir con amor a los viajeros en sus hogares (3:2d; 5:10; Tit 1:8). Esto implica la disposición para proveer comunión fraternal, protección, techo, comida, recursos materiales y otros tipos de atenciones, tal y como se acostumbraba en estas culturas. De hecho, el adjetivo "hospitalario" significa literalmente "alguien que ama al extranjero". La hospitalidad fue una virtud cardinal en la propagación del cristianismo (cf. Ro 12:13; Heb 13:2; 1 P 4:9; 3 Jn), y de ella el obispo debe ser ejemplo. Por cuanto el asunto de las falsas doctrinas es un problema muy serio, el obispo debe tener la capacidad para instruir a las iglesias con la Palabra de Dios (3:2e; cf. 2 Ti 2:24). Por otro lado, no debe ser borracho o peleón, sino, más bien, gentil, pacífico y desinteresado en cuanto al dinero (3:3, 8; 6:9-10, 17-19; cf. 2 Ti 3:2; Tito 1:7), pues el amor al dinero es una de las características de los falsos maestros. Jamás deben permitir que sus hijos se insubordinen; como buenos padres deben dirigir los asuntos de su casa con autoridad (3:4; cf. Ef 6:1-4; Col 3:20-21). Su liderazgo en el hogar es reflejo de su liderazgo en la iglesia y viceversa (3:5). También deben ser maduros en la fe (3:6); un recién convertido fracasaría como líder a causa de su arrogancia. Esto fue lo que sucedió con el Diablo. Según la tradición, fue su autosuficiencia la que condenó al arcángel "Lucifer" y lo convirtió en un ángel maligno (6:4; 2 Ti 3:4). Por lo tanto, la experiencia, y la sabiduría que emerge de ella, son necesarias. Finalmente, el obispo debe tener una buena imagen pública (3:7). De otra manera, quedaría atrapado y bajo el control del Diablo (cf. 2 Ti 2:26). En las pastorales, Pablo teme que, por la mala conducta de los cristianos, muchos no cristianos han de llevarse una mala impresión del evangelio y que, por eso, lo rechazarán. Esto explica por qué el apóstol anima a que los creyentes se acomoden a las normas de la sociedad (5:14; 6:1; Tit 2:5, 8, 10; cf. 1 Co 14:15-17; Col 4:5; 1 Ts 4:12). La mala fama de nuestros líderes muchas veces produce daños irreparables a la imagen de Cristo y el trabajo de la iglesia. Por otra parte, recordemos que la gente, muchas veces, especula sobre los cristianos o los enjuicia sin evidencia alguna.

Igualmente, los diáconos deben ser personas con altas credenciales espirituales y éticas (3:8-13), al igual que sus esposas (3:11; cf. Ro 16:1). El término "diácono" se traduce como "servidor" o "ministro" y se aplicaba a muchas funciones en la antigüedad, particularmente, a los quehaceres domésticos. En la iglesia, inicialmente se utilizó para referirse a quienes se dedicaban al servicio de las viudas y los pobres (Hch 6:1-7). Luego, la palabra se aplicó a quienes ejercían el liderazgo en las iglesias bajo la autoridad de los ancianos (Filp 1:1). Febe fue una de las diáconos prominentes (Ro 16:1). A partir del segundo siglo, los diáconos llegaron a formar parte de una estructura de gobierno más jerárquica, encabezada por los obispos y seguida por los ancianos. En las pastorales, el término "diácono" se aplica a los ministros que sirven a las iglesias en asuntos más prácticos y materiales, mientras que los ancianos se encargan de los asuntos relativos a la fe y la ética cristianas. El trabajo de los diáconos complementa al de los obispos, quienes, junto con ellos, conforman una estructura mínima de gobierno en las iglesias locales en tiempos del Nuevo Testamento.

La lista de requisitos para los diáconos es más corta que la de los obispos, pero tiene algunas similitudes con ella. Los diáconos deben ser, en primer lugar, dignos de respeto (3:8a; cf. 2:2; 3:4), sinceros (lit. "no de doble lengua", 3:8b), no deben emborracharse (3:8c; cf. 2:3); jamás deben procurar ganancias mal habidas (3:8d; Tito 1:7), como los falsos maestros suelen hacer (6:3-5). Los diáconos deben guardar las verdades de la fe cristiana con una conciencia transparente (3:9; cf. 1:5, 19). La más importante de ellas es la salvación dada en Cristo Jesús, que el Espíritu Santo reveló a todo creyente, por lo que no es más un misterio. Ahora, es la verdad de un secreto revelado a quien cree. Para determinar si los diáconos son dignos de confianza, tienen una fe íntegra y pueden realizar sus labores, Pablo espera que la iglesia someta a los diáconos a un período de prueba (3:10). Aunque el apóstol no da detalles sobre cómo hacerlo, es razonable inferir que el diácono tiene la responsabilidad de demostrar su integridad moral y espiritual y su capacidad de hacer el trabajo, mientras que a la iglesia le corresponde elaborar los criterios de evaluación y evaluar al diácono por un tiempo prudencial. Sería saludable hacer algo similar para con los obispos. Las esposas de los diáconos (o diaconisas) deben ser respetables (cf. 3:8), no difamadoras, serias (3:2) y dignas de confianza en todo (3:11). Puesto que el texto griego no es claro en este versículo, es posible que Pablo esté pensando en las servidoras o ministras de la iglesia, y no en las esposas de los diáconos. Así como los ancianos, los diáconos deben tener un sola esposa y saber gobernar bien a su familia (3:12; cf. 3:2, 4). Quienes realizan una buena labor como diáconos se ganan un lugar de honor ante los ojos de Dios y de la iglesia. No sólo eso, sino que, además, fortalecen la confianza en Cristo (3:13). La fe y el honor van de la mano. Como hemos podido notar, las destrezas, capacidades, dones y modo de vida de los líderes cristianos son de importancia vital. Así que no es solamente asunto de llamado, dones espirituales, educación, o credenciales profesionales, ni de seleccionar a cualquier persona, simplemente, porque hay una gran demanda de liderazgo. Debemos ser muy cuidadosos tanto en el proceso de selección como en los criterios que utilizamos para escoger a quienes nos han de dirigir.

3. La próxima visita de Pablo, la adoración, y el rol de Timoteo y de cada creyente (3:14-16)

Debido a su buena relación con Timoteo, el apóstol planea y quiere verle pronto, aunque es posible que su visita se dilate un poco, como ya señaló (cf. 4:13). Por eso, quiere asegurarse de que, en ese momento, Timoteo y las iglesias acaten sus instrucciones literalmente en cuanto a la adoración (2:1-14) y el perfil de los candidatos al ministerio (3:1-13). Es imprescindible que este joven pastor sepa cómo comportarse en la "casa de Dios" (3:14); es decir, donde se reúnen los cristianos para adorar. Lo mismo se espera de cada miembro de las iglesias y sus líderes. Pablo utiliza el concepto de "casa" en las pastorales y en otras de sus cartas, para referirse al hecho de que los cristianos son miembros de una la familia espiritual que vive bajo el mismo techo (3:4, 12; 5:1-2; 2 Ti 2:20-21; cf. 1 Co 3:16; 2 Co 6:16; Ef 2:19-22; Heb 3:6; 1 P 2:5; 4:17). En su sentido más estricto, "la casa de Dios" no se refiere, principalmente, a un edificio o lugar en particular, sino a un grupo de personas que tienen la misma fe y se congregan en diferentes lugares para adorar y servir al mismo Dios; es decir "la iglesia". Según Pablo, esta comunidad de fieles ha depositado su confianza no en un Dios muerto, sino en un

Dios vivo, el cual es su razón de ser. Pero la iglesia es "la base" y "el pilar" de la verdad de Dios; es decir, la sustenta firmemente. Su testimonio y vida de santidad lo demuestran. No obstante, "la verdad" que la iglesia cree, que no es de origen humano y que dista de ser lo que los falsos maestros predican, reposa en ese Dios y se nutre de él (3:15).

Hablar de "la verdad" se presta para que Pablo acote algunas ideas sobre su contenido. De ahí que, dando rienda suelta a su emotividad y espontaneidad, el apóstol concluya esta sección citando otro credo antiguo para bosquejar algunos pilares de esa verdad. De la cita podemos derivar seis doctrinas que definen el misterio de la piedad cristiana (3:16). Éstas son: la encarnación de Jesús (Jn 1:14; Ro 1:3-4; 1 P 3:18), su resurrección gracias a la obra del Espíritu de Dios (Hch 2:23-28; 10:39-40), su manifestación ante los mensajeros celestiales (Mt 4:11; Lc 22:43; Filp 2:10; 1 P 3:22; Ap 5:11-14), la proclamación del evangelio entre los gentiles (Ro 15:14-21; 1 Co 1:22-24), la fe de éstos como resultado de ello y la exaltación de Jesús en gloria (Hch 1:2, 11, 22). Muchos de los credos cristianos posteriores se erigen sobre estas doctrinas cardinales.

V. La apostasía, las falsas doctrinas y la función de Timoteo (1 Timoteo 4:1-16)

Este pasaje tiene dos divisiones principales cuya relación lógica amerita atención. Éstas son 4:1-5 y 4:6-16. Primero, el peligro inminente de las falsas doctrinas lleva a Pablo a hablar sobre este tema de nuevo (cf. 1:3-7), pero, esta vez, concentrándose en la apostasía y en los responsables de ella y sus enseñanzas, de forma más directa y estilizada (4:1-5). Al hacerlo, Pablo no solamente desacredita el contenido de las falsas doctrinas, sino que también denigra la condición moral de sus maestros. Para Pablo, evidentemente, el diario vivir no está divorciado de las convicciones de estos individuos y del efecto en otras personas. Segundo, a fin de equipar a Timoteo para enfrentar el peligro de la apostasía y las falsas doctrinas, Pablo enumera una serie de responsabilidades pastorales que, si Timoteo pone por obra, han de servir de antídoto contra la influencia negativa de los falsos instructores (4:6-16). Las ideas religiosas y los valores morales que Pablo afirma en las pastorales y que Timoteo tiene que ejemplificar son la antítesis de las enseñanzas y modo de vida de los falsos maestros.

1. La apostasía y las falsas doctrinas (4:1-5)

Según Pablo, en "los últimos tiempos", algunos falsos maestros aparecerían, enseñarían un ascetismo radical y harían que muchos se apartaran de la verdadera fe cristiana (4:1a). El Espíritu de Dios lo dio a conocer de antemano. Aunque el pasaje no lo indica, es posible que esta revelación se diera por medio de algunos de los profetas cristianos (cf. 1 Co 7:40; 12:4-11; Ap 2:7). Pero esta profecía no aguarda un cumplimiento lejano, ya que tanto la presencia de los falsos maestros como la apostasía son ya un hecho. Sin embargo, Pablo teme que este problema pueda convertirse en una crisis. Por lo tanto, Timoteo debe tomar cartas en el asunto y con urgencia. Para el apóstol la frase "los últimos tiempos" no hace referencia al fin de la historia sino, más bien, al presente (cf. 2 Ti 3:1; 4:3; 2 P 3:3; Jud 18).

De la caricatura que Pablo pinta de los falsos maestros en este pasaje, podemos reconstruir un perfil, si bien vago e incompleto. Estas personas mienten con premeditación y alevosía; es decir, han abandonado la fe con plena conciencia del significado e implicaciones de sus acciones (4:2a). Han perdido, también, la capacidad para distinguir entre el bien y el mal, por lo que no sienten culpa alguna por sus hechos; sus conciencias han sido "quemadas con hierro" (4:2b). En esta condición, tienen la capacidad de hacer que muchos se aparten de la fe (4:1a; cf. 3:9). Estas características hacen suponer un enorme poder de persuasión y que sus víctimas son débiles. En vez de ser inspiradas por el Espíritu de Dios, estas personas se han dejado instruir y guiar por los espíritus mentirosos (4:1b; 1 Ti 3:11; 2 Ti 3:3; Tit 2:3; cf. 1 Co 11:13-15; cf. Jn 8:44; Stg 3:15; 1 Jn 3:8-10). Dios no es la fuente de sus doctrinas. Además, si bien no son los únicos en exigirlo (cf. Mt 9:10-12; 1 Co 7; Ap 14:1-5), los falsos maestros practican y enseñan un ascetismo radical que, posiblemente, se originó en el gnosticismo y al que Pablo se opone categóricamente (4:3-5; 6:20). Esta filosofía religiosa, cuyo auge comienza a verse a finales del primer siglo, enseñaba que toda materia era mala y que sólo el espíritu era bueno. Por lo tanto, todo placer físico era visto como pecaminoso. Para contrarrestar esta realidad presente en el mundo material, los gnósticos exigían la abstención de ciertas prácticas que traían placer. En las pastorales, parte de este ascetismo implicaba exigir el celibato entre mujeres y algunas restricciones sobre la ingestión de alimentos (4:3a; cf. 4:8). Para neutralizar esta ideología, en las pastorales Pablo articula un concepto positivo del matrimonio aunque con tintes netamente patriarcales (2:15; 5:14; Tito 2:4). Dios ordenó el matrimonio y lo bendijo. Además, Pablo afirma que Dios quiere que los humanos reciban los alimentos con gratitud y da dos razones para apoyar su afirmación (4:4-5). La primera razón, recordando el relato judaico de la creación del mundo, es que todo lo creado es absolutamente bueno (4:4), lo cual incluye a los alimentos. Nótese que la declaración "Dios vio que era bueno" en el Génesis ocurre por lo menos cinco veces (Gn 1: 10, 12, 18, 21, 25). La segunda razón es que los alimentos son santificados (o declarados puros) ante el creyente, por medio de la Palabra (posiblemente, una referencia a la Escritura) y la oración de acción de gracias por ellos antes de comer (4:5). Por lo general, la abstención de alimentos es algo que los autores del Nuevo Testamento rechazan (5:23; cf. Mr 7:15, 19; Hch 10:9-16; Ro 14:1-6; 1 Co 8:1-13). Cristo nos liberó del poder de la ley, sobre todo en cuanto a restricciones dietéticas y otros asuntos rituales (Gl 5:1-6). Más adelante, Pablo dice que los falsos maestros también creen en leyendas y cuentos (4:7). Esta retórica inflamatoria en su totalidad sugiere que, para Pablo, como para muchos cristianos de ese momento histórico en la vida de la iglesia, no existía tal cosa como el pluralismo religioso o el respeto hacia otros puntos de vista. Tampoco podemos constatar si lo que Pablo afirmó era totalmente cierto o no. La versión de los falsos maestros sobre los hechos no está a nuestro alcance. Lo que sabemos acerca de ellos nos llega por medio de su acusador.

2. *La tarea de Timoteo para contrarrestar este peligro (4:6-16)*

Ante la percepción de semejante peligro, es lógico que Pablo no titubee en ordenarle a su discípulo qué hacer. Timoteo debe prepararse muy bien, a la mayor brevedad posible. Las responsabilidades que Pablo esboza para el joven Timoteo son múltiples y aparecen en dos partes: 4:6-10 y 4:11-16. En la primera (4:6-10), el apóstol le recuerda a Timoteo que debe advertir a las iglesias sobre el peligro de la apostasía y los falsos maestros, pero, también, poner en práctica los consejos que Pablo todavía tiene que darle en el resto de esta carta (4:6; cf. 4-5).

Primera a Timoteo

Para tal fin, Timoteo necesita seguir nutriéndose de las enseñanzas del cristianismo. No podría ser de otro modo. En ellas él fue formado y a ellas ha sido fiel hasta el presente. Sólo así podrá ser y actuar como un buen siervo de Cristo. Timoteo debe, también, alejarse de esos cuentos que los falsos maestros se inventan (4:7) y sobre los cuales ya Pablo le advirtió (1:4). Por cuanto el ejercitarse en la piedad cristiana produce resultados espirituales de mejor calidad y más duraderos que el ejercicio corporal (una posible referencia al ascetismo, 4:3), Timoteo debe enfocarse en ello (4:8-9). Como atleta de Dios, debe entrenarse en los asuntos de la fe, a la luz del futuro, que seguro Dios ha diseñado y cumplirá (cf. 2:22). La promesa de una vida mejor, que comienza aquí y se extiende hacia la eternidad, es la esperanza que debe motivar a Timoteo a consagrarse aún más. A fin de cuentas, es precisamente la salvación del cristiano lo que le motiva a esforzarse por vivir la fe hasta que dicha salvación sea consumada (4:10). Dios es Salvador de todos (2:17; 4:16).

En la segunda parte de este pasaje (4:11-16), Pablo añade otras responsabilidades más específicas a las responsabilidades delineadas en la primera parte (4:6-10). Timoteo debe enseñar todo lo que Pablo le ha enseñado y asegurarse de que las iglesias hagan lo mismo (4:11, 15-16). Esto incluye las instrucciones anteriores y aun las que Pablo va a dar en los versículos que siguen. Timoteo no debe permitir que su juventud sea cuestionada por nadie (4:12; cf. Filp 2:22; 2 Ti 2:22). Por el contrario, debe presentarse como "modelo" de los cristianos de modo que puedan ver su madurez en varias áreas: en el modo de expresarse, en la manera de proceder, en el amor, en la confianza en Dios y en la pureza de vida (cf. 5:2). Éstos son elementos vitales para el ejercicio de un liderazgo con autoridad moral, contra los cuales el asunto de la edad no sería problema alguno. Al requerir todo esto, es posible que Pablo esté pensando que algunos de los ancianos de las iglesias pudieran objetar que Timoteo era muy joven para ejercer liderazgo sobre ellos (4:14; 5:17), y le advierte al respecto para que esté preparado. Para este momento, es posible que Timoteo haya tenido unos treinta años. En aquella cultura, una persona de cuarenta años de edad era considerada todavía joven, en el sentido de no tener toda la autoridad de una persona madura.

Fundamental para la labor didáctica de Timoteo es la lectura pública del Antiguo Testamento; es decir, su estudio (4:13, 16). Pablo desea ver de nuevo a Timoteo y entiende que su trabajo en Éfeso es temporal y que le ha de ver de nuevo. Mientras llega ese momento, Timoteo debe enfocar su reflexión en este "libro de texto", por así decirlo, para combatir las falsas doctrinas y minimizar el riesgo de la apostasía. No se puede predicar la Palabra de Dios sin conocimiento bíblico. En un sentido general, a Timoteo le corresponde, también, honrar y desarrollar su ministerio pastoral (4:14). Primero, porque es un regalo del Espíritu; segundo, porque Dios le dio su aprobación por medio de los profetas (1:18); y tercero, porque dicho ministerio tiene el reconocimiento de los líderes de la iglesia. Un grupo de ancianos, cuya identidad desconocemos, lo ordenó para el servicio cristiano por medio de la imposición de manos (2 Ti 1:6; Hch 6:6; 13:3). Ya que Timoteo puede salirse del camino, Pablo termina esta sección apelando a su conciencia y haciéndole responsable de sus actos (4:15-16). Así pues, le reafirma la importancia de ser ejemplo a los creyentes, de tener cuidado con el contenido de lo que enseña y de fortalecer su fe. La vida espiritual necesita mantenimiento. De esta manera, se salvará tanto a sí mismo como a quienes escuchen sus instrucciones. Por medio de todas estas instrucciones, el apóstol muestra interés tanto por la salud de su alumno como por la salud de todas las iglesias y su liderato. Tanto en la formación de nuestros líderes como en los cursos de formación discipular debemos considerar seriamente el ejemplo paulino.

VI. Instrucciones acerca de la posición y la función de varios grupos en la iglesia (1 Timoteo 5:1-6:2)

La lista de consejos paulinos no se agota con instruir a Timoteo sobre la naturaleza de su misión en Éfeso, el verdadero significado de la Ley, (1:3-11) la misericordia divina, el ministerio cristiano (1:12-20), al igual que enseñarle sobre el comportamiento adecuado en las iglesias (2:1-3:16) y prepararle para neutralizar la apostasía y la influencia de los falsos maestros (4:1-16). Para efectos de establecer orden, es preciso que este joven líder sepa, también, cómo tratar a las personas de acuerdo a su edad o a aquellas que se encuentran en estado de vulnerabilidad social dentro de las comunidades de fe que Timoteo sirve. También debe saber qué hacer con respecto a las personas en posiciones de liderazgo dentro de la iglesia y que viven bajo autoridad. Por eso, Pablo, siguiendo el modelo patriarcal y jerárquico de la sociedad grecorromana, escribe una lista, en 5:1-6:2, de cuáles deben ser las responsabilidades de Timoteo (y de los cristianos en general) para con las personas mayores de edad y los jóvenes (5:1-2), las mujeres que han perdido a sus esposos (3:1-16), los ancianos que se encargan de dirigir a las iglesias (5:17-19) y los esclavos creyentes (6:1-2). En medio de estos dos últimos textos, Pablo inserta varios consejos prácticos y personales para que Timoteo los ponga en obra (5:20-25). En su carta a Tito, el apóstol enumera unas instrucciones similares a las que encontramos en 1 Tim 5:1-6:2 (cf. Tit 2:2-10).

1. Los ancianos y los jóvenes (5:1-2)

La primera sección de esta unidad tiene que ver con el comportamiento de Timoteo para con dos generaciones: los ancianos y los jóvenes. El joven Timoteo, en vez de ser rudo, ha de tratar al anciano como si fuera su propio padre y a la anciana como si fuera su propia madre; es decir, con amor y respeto. A los jóvenes —hombres y mujeres— debe tratarlos como sus propios hermanos. La iglesia está compuesta de una gran familia a cuyos miembros se debe tratar a la luz de esta realidad; todos son hijos de Dios. Timoteo debe ejemplificar dicha conducta y asegurarse de que en las iglesias se haga lo mismo.

2. Las viudas (5:3-16)

En relación con las viudas, Pablo presenta una lista detallada de principios y procedimientos que deben seguirse para procurar su bienestar social (5:3-16). Los valores morales que transmiten las instrucciones de Pablo son propios de las culturas del Medio Oriente. A la par de atender las necesidades de los pobres, de los huérfanos, de los extranjeros, se esperaba que los judíos atendieran las necesidades de las viudas (Ex 22:22; Dt 24:17-22; Is 1:17). La fe cristiana hizo suyos y reafirmó estos valores morales (Hch 6:1-6; 9:36-42; Stg 1:27). Sin embargo, al parecer, no todas las viudas calificaban por igual para recibir el apoyo financiero o material de la iglesia. Pablo señala algunos criterios que permiten establecer prioridades y que Timoteo debe utilizar al velar por que este ministerio se lleve a feliz término. Debe atenderse, primeramente, a las viudas que oran y confían en Dios, que no tienen familiares que las asistan y que no se han entregado a los placeres de la carne (5:3, 5-6, 16). Las viudas que tienen hijos y nietos, como es lógico pensar, deben ser asistidas por estos familiares (5:4, 8); cumplir con esta responsabilidad es parte de la piedad cristiana y agrada a Dios (cf. Stg 1:26-27). Otra vez, la fe es práctica y comienza por casa. Timoteo debe asegurarse de que estos principios sean puestos en práctica (5:7).

A fin de ser elegibles para recibir esta ayuda, existen otros requisitos con los que las viudas deben cumplir (1 Ti 5:9-10). Deben ser mayores de sesenta años, haberse casado una sola vez y haber hecho el bien. Esto incluye la crianza de los hijos, la hospitalidad, el lavamiento de los pies de los santos (como muestra de humildad y servicio, Jn 13:1-17), socorrer a quienes sufren y otras obras más. Las viudas jóvenes no deben ser incluidas en esta lista de viudas elegibles por varias razones (5:11-15). Al no poder ser fieles a sus votos de celibato, muchas quieren casarse pronto y se vuelven ociosas, chismosas y entrometidas. La falta de ocupación va en contra de las enseñanzas cristianas (1 Ts 5:14; 2 Ts 3:11). Para evitar este riesgo y el de seguir las enseñanzas de los falsos maestros (cf. 1 Ti 4:3; Tit 1:11), estas mujeres más jóvenes deben casarse, tener hijos y gobernar sus hogares a fin de no dar pie a las críticas del enemigo; algunas, por desgracia, ya habían sido engañadas y habían seguido a Satanás (5:15). Para cerrar, Pablo asevera que es responsabilidad de la mujer cristiana ayudar a las viudas de su propia familia para que éstas no sean una carga para las iglesias (5:16). De esta manera, la iglesia puede ofrecer ayuda a las viudas que en realidad la necesitan (1 Ti 5:16). Es notorio que Pablo, para combatir la influencia negativa de los falsos maestros, refuerza aquí, y en el resto de las pastorales, la posición y función domésticas de la mujer (1 Ti 2:15; 5:10; Ti 2:4-5). Al hacer esto, como es lógico, el apóstol retiene la estructura social que marginaba a la mujer, la hacía objeto de misericordia en vez de sujeto de su propio destino, y retrasaba su liberación del dominio machista. Aunque hoy día todavía luchamos en contra de la marginalización de la mujer en la iglesia y la sociedad, por fortuna tanto su imagen como el concepto de la familia no son tan patriarcales como en los tiempos bíblicos. Estamos un poco más cerca de la igualdad entre los sexos que algunos siglos atrás.

3. Los ancianos que ejercen liderazgo eclesiástico (5:17-20)

Las responsabilidades del joven pastor no terminan ahí. Si a los ancianos en general debe tratárseles como a padres (5:1), a los ancianos dedicados al ministerio pastoral y didáctico debe reconocérseles por las funciones que desempeñan. En el mundo grecorromano existía un gran respeto por las personas de edad avanzada. Por la sabiduría adquirida con el correr de los años, muchos de ellos ejercían funciones de liderazgo en las áreas políticas, civiles y religiosas. Las iglesias heredaron y preservaron esta manera de valorar a los ancianos. Con este trasfondo en mente, Pablo exige que se les pague el doble a quienes se encargan de dirigir a las iglesias, especialmente, a quienes se dedican al ministerio de la proclamación del evangelio. La Escritura así lo exige; es decir, tanto el Antiguo Testamento como las palabras de Cristo (Dt 25:4; Lc 10:7). "Honrar" probablemente significa compensación monetaria (cf. Hch 6:1; 1 Ti 5:3; 6:1). Éste es un tipo de ganancia legítima y honesta, y lo que los falsos maestros practican, no lo es (1 Ti 3:3, 8; 6:5-6; Tit 1:7, 11). Las acusaciones en contra de los ancianos tienen que estar respaldadas por testigos, según lo establecido por el Antiguo Testamento y el mismo Jesús (Dt 19:15; Mt 18:16). Las acusaciones falsas son inaceptables.

4. Consejos sobre el liderazgo de Timoteo (5:21-25)

Seguidamente, Pablo aprovecha la oportunidad para hacer un paréntesis y compartir con Timoteo algunas recomendaciones más administrativas y personales. Quienes persisten en pecar deben ser amonestados en público. Aunque no siempre agradable, ésta debe ser también la responsabilidad del ministerio pastoral. Timoteo debe aplicar estas instrucciones a todos por igual y consistentemente. No debe ser cómplice o hacerse de la vista gorda sobre las faltas de otras personas. Aparte de mantener su integridad moral y espiritual como líder, Timoteo no debe ordenar a personas al ministerio con ligereza; el Espíritu de Dios no es algo que deba concederse sin la debida consideración (4:14; 2 Ti 1:6; Hch 8:17; 19:6). Asimismo, Timoteo debe cuidar de su salud personal. Mientras que los falsos maestros enseñaban la abstinencia de ciertos alimentos y bebidas (4:3), Pablo le reitera a su discípulo que debe tomar un poco de vino para aliviar su dolencia estomacal.

5. *Los esclavos (6:1-2)*

Luego de esta breve interrupción (5:21-25), Pablo termina este pasaje con unas directrices sobre la manera cómo los esclavos deben conducirse, pero pasando por alto sus acostumbradas recomendaciones a los amos (Ef 6:9; Col 4:1). Como ya sabemos, la esclavitud fue una institución clave para la supervivencia y el funcionamiento de los pueblos de la antigüedad, y los esfuerzos por abolirla fueron inexistentes. No obstante, para cuando el apóstol escribió las epístolas pastorales (61-67 d. C.), el evangelio parece haber afectado las relaciones amo-esclavo, creando inestabilidad entre las iglesias y los no cristianos. Da la impresión de que algunos habían comenzado a cuestionar el evangelio porque éste había incitado a los esclavos a no cumplir con sus responsabilidades domésticas y hasta a faltarles el respeto a sus amos. A la luz de esta situación, Timoteo debe cerciorarse de que los esclavos mantengan su lugar respetando a sus amos, de modo tal que la fe cristiana no sea difamada (3:7; 5:14; Tit 2:5, 8, 10; cf. 1 Co 14:15-17; Col 4:5; 1 Ts 4:12). Sin duda, Pablo se preocupa por "el qué dirán". Para él, como para muchos líderes, la reputación era importante para la expansión de la fe (cf. 3:7). Asimismo, dice el apóstol, quienes tengan amos que no son cristianos deben cumplir con esta responsabilidad con mayor razón. Son sus hermanos en la fe. Lastimosamente, Pablo no habla de las responsabilidades de los amos para con sus esclavos, tal y como lo hace en otras de sus cartas (Ef 6:9, Col 4:1), por lo que sus instrucciones son incompletas o parciales, a favor de los amos.

A juzgar por este pasaje, es obvio que Pablo no elimina la institución de la esclavitud ni se pronuncia en su contra. El no es activista social, experto en política o miembro de un grupo nacionalista o de liberación nacional. De ahí que, adoptando una postura conservadora sobre este asunto, simplemente se limite a hacer más efectiva la relación entre los amos y los esclavos cristianos. La supervivencia de las iglesias es la prioridad. El objetivo es poner orden y, al hacerlo, atenuar un poco las consecuencias negativas de una institución que era y es deshumanizante. En este sentido, sus recomendaciones son apropiadas para el momento histórico y cónsonas con las enseñanzas del Nuevo Testamento (Ef 6:5-8; Col 3:22-25; Tit 2:9-10; 1 P 2:18-25; cf. 1 Co 7:21-24). De esta manera, Pablo, sin saberlo, legitima una institución malvada. Gracias a Dios, este texto no se aplica ya literalmente, y existe en las pastorales para nuestra instrucción y advertencia sobre la interpretación literal exagerada. Pablo cierra sus instrucciones en esta sección de su carta reiterándole a Timoteo que debe enseñar a sus iglesias sobre todos estos asuntos (6:2c).

VII. Disposiciones sobre los falsos maestros, los ricos y las riquezas (1 Timoteo 6:3-19)

El presente texto comprende tres unidades temáticas claras, con las cuales Pablo da un toque final a su primera carta a Timoteo, antes de despedirse formalmente de su discípulo (6:20-21). En la primera unidad, Pablo añade otros vicios morales de los falsos predicadores, para hacer resaltar el hecho de que éstos utilizan la fe o el ministerio cristiano como un medio para beneficiarse económicamente (6:3-10). En la segunda, Pablo advierte en contra de esta última práctica y la condena (6:3-10). En la tercera, Pablo le dice a Timoteo que debe mantenerse al margen del amor al dinero y fortalecer su fe, pues él representa el liderato ideal (6:11-16). En la época en que Pablo escribió las pastorales (61-67 d. C.), las comunidades cristianas no estaban solamente compuestas de esclavos, trabajadores, viudas y personas pobres. "El movimiento de Jesús", que en sus inicios estuvo conformado, casi exclusivamente, de personas de clase social baja y de cultura judía, hacia el tiempo de Pablo incluía, también, a personas que, aunque en su mayoría todavía pertenecían a la clase social baja, eran, principalmente, de trasfondo gentil. Además, hombres y mujeres de buena posición social o adineradas se habían convertido a Cristo, diversificando, aun más, la composición socio-económica de las iglesias. Pero en vez de echarlos de la iglesia o condenarlos abiertamente como el mensaje radical de Cristo quizá hubiese hecho, Pablo, más bien, adopta una posición intermedia. Opta por redefinir la posición y las responsabilidades de los ricos en función de caridad hacia los pobres (6:17-19).

1. Las falsas enseñanzas y el peligro del amor al dinero (6:3-10)

Según parece, Pablo no ha desprestigiado a los falsos maestros lo suficiente, por lo que procede a empeorar el perfil de éstos para ayudar a que Timoteo los reconozca. El apóstol deja ver que quienes no siguen "la sana doctrina" que proviene de Jesucristo y no enseñan conforme a "la piedad" (cf. 1:10), ciertamente, son falsos maestros. Una serie de características negativas los definen y permiten identificarlos. Son orgullosos y faltos de entendimiento (6:3-4a). También tienen un interés malsano (o casi hasta morboso) en debates filosóficos, los cuales producen cinco resultados que afectan la salud de las comunidades de fe (6:4b-5a): envidias, discordias (cf. Ro 1:29; Gl 5:21), insultos, desconfianzas y fricciones. Los falsos maestros tienen la mente pervertida y, por esto, desconocen la verdad (6:5b). Finalmente, estas personas utilizan la fe cristiana como un medio para enriquecerse (6:5c). En actitud, pensamiento, palabra, motivación y conducta, los falsos maestros están enfermos y contaminan a la iglesia.

A la luz de lo que Pablo comparte con Timoteo en este texto, es claro que la arrogancia y la ignorancia son dos males que debemos combatir. Quienes invierten tiempo, recursos y energía en meros ejercicios académicos y utilizan la fe cristiana para hacer negocios deben revisar seriamente sus valores y forma de actuar. Si es lamentable que algunos se aprovechen de la religión para hacer dinero, es bueno recordar que "la piedad", desde un punto de vista teológico, reporta ganancias mucho mejores y más duraderas. Los valores del reino de Dios siempre están muy por encima de los valores de la sociedad. Es por ello que Pablo le habla a Timoteo sobre el significado verdadero de la piedad y sobre cuál debe ser la actitud cristiana ante el dinero (6:6-10). Por ser la piedad útil para todo, en esta vida y en la venidera (4:8), es "ganancia" en sí misma, sobre todo cuando se une al contentamiento personal con lo que se tiene para vivir (6:6; 2 Co 9:8; Filp 4:11). Vivir una vida sencilla es el ideal cristiano. Desde una óptica filosófica, nada trajimos al mundo y nada nos llevaremos luego de la muerte, argumenta Pablo (6:7). Dicho de otro modo, el mundo no tiene nada que ofrecer que valga la pena llevarse. Esta forma de ver la vida no es nueva; este tema es común en la literatura helenista y en los escritos del género de "sabiduría" del Antiguo Testamento (Job 1:21; Ec 5:15). Cubrir las necesidades básicas debe ser la motivación principal del creyente (6:8; cf. Mt 6:25-33; Mc 6:8-10; Lc 3:11; Heb 13:5; Filp 4:11). En este caso, implica contentarse con comida y ropa. Mas, ¿qué es lo "mínimo" que necesitamos para cubrir nuestras necesidades básicas hoy día? ¿Cómo se determina esto y sobre la base de qué criterios? Para satisfacer el "espíritu" de esta enseñanza paulina,

Primera a Timoteo

¿sería correcto afirmar que, por necesidades básicas, nos referimos a ropa, comida, techo, empleo, educación y salud? Vivir una vida sencilla, para Pablo, está en contraposición a una vida de abundancia por la razón de que quienes definen su existencia en función de las cosas materiales y las riquezas han de vivir una vida colmada de pesares (6:9-10). No les aguarda nada más que el juicio divino (cf. 1 Ts 5:3; 2 Ts 1:9). Todos los males, según el apóstol y muchos otros pensadores en el mundo helenista, se originan en la avaricia o el apego desmedido al dinero (6:9; cf. Lc 12:16-21; Stg 1:10). Para los budistas "el placer" es la causa de nuestros males; por eso hay que controlarlo o reprimirlo. Pablo nos da un ejemplo de esos males causados por el amor al dinero: la apostasía misma. Muchos cristianos se han apartado de la fe por causa del amor al dinero y han sufrido pesares por ello (6:10). Los consejos de Pablo fueron tan válidos para la iglesia primitiva como lo son para muchas de nuestras sociedades, en donde, muchas veces, impera un modelo socio-económico que promueve el materialismo, el consumismo, el afán por tener más y más, y el producir la mayor ganancia al menor costo posible, sin importar a quién se explote o quién se enriquezca en el proceso. No podemos servir a dos señores, como el mismo Jesús afirma (Mt 6:24).

2. *Timoteo y el amor al dinero (6:11-16)*

Por supuesto, como "hombre de Dios", Timoteo debe cuidarse de todos estos peligros y mantener la fe íntegra. Él ha sido comisionado para servir a Dios, y no debe olvidarlo. Éste es el significado de la frase "siervo de Dios", cuyo origen nos remonta a algunas de las ideas centrales del Antiguo Testamento (cf. Dt 33:1; 1 S 9:6-10; 1 R 12:22; 13:1; 17:18; 2 R 4:7; Neh 12:24), y que Pablo utiliza aquí para recordarle enfáticamente a su discípulo, quién es Timoteo, a quién representa y en nombre de quién debe proclamar el evangelio (2 Ti 3:17). Por ser nada más y nada menos que "siervo de Dios", Timoteo debe vivir una vida impecable. Quien sirve a Dios debe vivir en conformidad con esta realidad. ¿Qué implica esto? Primero, como la antítesis al *modus operandi* de los falsos maestros, Timoteo debe continuar huyendo de todo lo que éstos creen y hacen (6:11a; cf. 6:3-10), especialmente, del amor al dinero. Esto es una orden (6: 14). Para lograr este objetivo, el joven discípulo debe añadir seis ingredientes: la rectitud moral, la devoción a Dios, la confianza en él, el amor, la constancia y la humildad

(6:11b). Ya que la vida es un campo de batalla en contra de las falsas doctrinas y sus defensores, Timoteo debe pelear "la buena batalla de la fe" (lit. "agoniza en la buena agonía"; cf. 1:18) y asir la vida eterna, a la cual fue llamado y ordenado públicamente (cf. 2 Ti 2:2). La imagen que Pablo utiliza aquí nos recuerda los juegos que se celebraban en los foros grecorromanos.

Las instrucciones dadas en 6:11-12, o aun en el resto de la carta, no son opcionales. Son órdenes expresas que Pablo reitera en 6:13-14. Para darles aún más fuerza, el apóstol apela a Dios, la fuente última de todo lo que existe en el universo, y a Jesucristo, quien compareció judicialmente ante el procurador romano, Poncio Pilato, para dar razón de su identidad y misión en vísperas de su crucifixión (cf. Mt 27:11-31; Mc 15:2-20; Lc 23:3-5, 13-25; Jn 18:33-19:16). Dicho de otro modo, Dios y Cristo conforman "el jurado", ante quienes todos los cristianos son responsables y por quienes serán juzgados. Pero son, además, "testigos" ante quienes Pablo responsabiliza a Timoteo para que cumpla con sus obligaciones. Pero hay, además, un incentivo y meta final que añade fuerza al argumento de Pablo: la gloriosa aparición de Jesucristo (cf. 2 Ti 1:10; 4:1, 8; Tit 2:13; cf. 2 Ts 2:8) (6:12). A su debido tiempo, este evento sucederá por obra divina (6:15a). Entretanto, Timoteo, como gladiador cristiano, debe luchar para ganar, perseverando en ello hasta la segunda venida de Cristo.

Pensar en ese Dios que ha de permitir el regreso de Jesucristo en el momento oportuno en la historia, presupone su poder y autoridad absolutos; también lleva a la adoración de ese Dios. Es por ello que Pablo hace otra pausa en su epístola para escribir una breve doxología, pero, esta vez, para referirse a la naturaleza y atributos divinos (6:15b-16; cf. 1:17; 2 Ti 4:18), provenientes del Antiguo Testamento. Pablo acostumbra a insertar doxologías en medio de sus argumentos (1:17; Ro 1:25; 11:36). En 6:15b-16, Dios aparece como un Dios singular; no hay nadie como él. La autoridad y poder de Dios no tienen parangón. Los títulos traducidos como "único y bendito soberano" (Lc 1:52; Hch 8:27) y "Rey de reyes y Señor de señores" lo confirman; este último se aplica a Cristo, también, en el Apocalipsis (Ap 17:14; 19:16; cf. Dt 10:17; Sal 136:3). Dios es eterno; no muere o deja de ser. Su santidad es trascendente; ningún ser humano le puede alcanzar o ver (Ex 33:20;

Jn 1:18). Por eso, Pablo termina diciendo que "el honor" y "el poder", solamente, le corresponden a ese Dios, eternamente.

Sin duda, todo ser humano corre el riesgo de caer en las garras de las falsas enseñanzas y del poder manipulador del dinero. Esto es cierto, particularmente, entre personas que están en posiciones de liderazgo. La solución es escapar de la tentación y enfocarse en los valores morales que, en realidad, son los más importantes en la vida. Por tal motivo, Pablo exhorta a su discípulo a apartarse de estos vicios y a concentrar su energía en los elementos que han de desarrollar su ministerio a plenitud. La naturaleza del combate exige muchísimo de este joven ministro. Pablo no se cansa de recordárselo. La presencia de la corrupción demanda integridad. No podría esperarse menos que esto de nuestros líderes.

3. Normas sobre la conducta de los ricos (6:17-19)

Tras esta última digresión para asesorar a Timoteo (6:11-16), Pablo vuelve al tema de las riquezas, pero con algunas sugerencias prácticas sobre las obligaciones de los ricos en la iglesia. De alguna manera, su crítica a la posición de los falsos maestros acerca del concepto de "ganancia" y el ideal de "una vida sencilla" pudiera hacer creer que Pablo rechaza las riquezas en sí mismas o que los ricos no tienen nada que hacer en la iglesia. Muy por el contrario. Aunque la mayoría de los miembros de las iglesias siguen siendo pobres, en el tiempo en el que Pablo escribe las pastorales existen, también, ricos en ellas y el apóstol considera que éstos necesitan ser instruidos como discípulos en torno a su posición y función dentro de las iglesias, pero, especialmente, acerca del uso de sus riquezas.

Podemos resumir las recomendaciones de Pablo en cinco puntos. Primero, los ricos deben confiar en Dios y esperar, humildemente, en la providencia divina (6:17a y c). Fijar los ojos en las riquezas es muestra de arrogancia y autosuficiencia. Segundo, las riquezas son inseguras y pasajeras, vienen y se van (6:17b). ¿Por qué, entonces, aferrarse a ellas? Tercero, Dios siempre satisface las necesidades de sus hijos (6:17d); entregarse a las riquezas minimiza la acción de Dios y toma el lugar y la función que sólo a él le corresponden (cf. Mt 6:25-34; Lc 12:22-31). Cuarto, si hay algo en lo que los ricos deben enfocarse es en tender la mano a los necesitados (6:18). Hay que ser generosos. Por su carácter funcional, el dinero o los recursos materiales deben ser compartidos, no atesorados (cf. Gl 6:10; Stg 1:26-27; 2:14-17; 5:1-2). Quinto, al proceder de esta forma, los ricos estarán "invirtiendo" en la vida eterna (6:19). Como decía Jesús, hay que acumular tesoros pero en el cielo (Mt 6:19-21).

Ayudar a aliviar el sufrimiento de los pobres, aunque no determina la salvación, la manifiesta desde ya y la encamina hacia un final feliz. La caridad es una inversión en la vida eterna que comienza en la tierra. Cualquier cosa que se haga para crear las condiciones que disminuyan la pobreza y su secuela, y hacer que los pobres sean sujetos de su propia superación social, debe ser parte del ministerio de la iglesia hoy día.

VIII. Conclusión (1 Timoteo 6:20-21)

Pablo cierra su primera carta pastoral a Timoteo con unas breves palabras, en las que, primero, da un consejo final a Timoteo (6:20-21a), y luego se despide de él con un saludo pastoral (6:21b).

1. Consejo final (6:20-21a)

La amonestación de cierre contiene una idea general y otra un poco más específica. Timoteo debe, primeramente, cuidar bien lo que se le ha confiado (6:20a); es decir, guardar "el depósito" que se ha hecho en él. Aunque Pablo no es claro en cuanto a lo que quiere decir en este versículo, es muy probable que se refiera a "la sana doctrina", de la cual parte del contenido de la presente carta y el de las otras pastorales son una muestra (1:18; 2 Ti 1:14; 4:3; Tit 1:9; 2:1). Esta doctrina, por supuesto, es una interpretación paulina del evangelio, que está siendo amenazada por una ideología contraria. Timoteo debe hacer todo lo que esté a su alcance para que este legado no se vaya por la borda. Protegerlo y saberlo administrar es su tarea. Pablo ha escrito esta primera carta a Timoteo con este propósito en mente. Una buena parte del ministerio de Timoteo es, entonces, apologético. Más específicamente, Pablo le pide a su alumno que se aleje tanto del conocimiento esotérico como de los debates sin sentido y la retórica vacía de los falsos maestros (cf. 2 Ti 2:14, 16). Pablo no se opone al conocimiento o al arte de hablar y escribir bien en sí mismos. Él mismo fue una persona educada, debatió ideas contrarias al evangelio y utilizó muchos recursos estilísticos para expresar sus ideas oralmente y por escrito; sus epístolas son la mejor prueba de ello. El apóstol, más bien, se opone a una forma temprana del pensamiento filosófico llamado "gnosticismo". Muchos de sus defensores creían que la salvación sólo podía obtenerse por medio de la razón y del conocimiento místico. Además, siendo dualistas, consideraban que la materia era mala y el espíritu era bueno.

¿Por qué le da Pablo este consejo a Timoteo con tanto énfasis? La razón es que estas falsas doctrinas ya han tenido efectos devastadores en las iglesias (6:21a). El debate sin sentido y el amor por el conocimiento esotérico han contribuido a la apostasía. Y como es natural, Pablo no quiere que esto suceda de nuevo. Esto explica la urgencia y la fuerza de su exhortación.

2. Despedida (6:21b)

Luego de esta palabra de advertencia (6:20-21a), Pablo se despide de su aconsejado y de las iglesias deseando que "la paz" (la armonía total) de Dios sea con todos ellos (cf. Tito 3:15), tal y como lo hace en algunas de sus otras cartas (Ro 16:20; 1 Co 16:23; Gl 6:18; Ef 6:24). Y no es para menos, ya que lo que le queda a Timoteo por delante requiere de la calma espiritual que solamente el Señor puede dispensar. Esa paz con la que Pablo encabezó su epístola (1:2, 14) es la misma paz con la que termina. Sin duda, se necesita del favor inmerecido de Dios para ministrar en un contexto de lucha en contra de las fuerzas del mal. Nosotros, al igual que los primeros creyentes, precisamos de esa misma gracia para cumplir con nuestra misión de amar y servir a nuestras comunidades, sobre todo en medio de situaciones críticas.

Segunda a Timoteo

Bosquejo

Para facilitar nuestra interpretación y comentario a la segunda epístola de Pablo a Timoteo, utilizaremos el siguiente bosquejo como nuestra guía principal:

I. Introducción (1:1-2)
    1. Autoría (1:1)
    2. Destinatario (1:2a)
    3. Saludo (1:2b)

II. Acción de gracias por Timoteo (1:3-7)
    1. La oración incesante de Pablo por su discípulo (1:3)
    2. El deseo que Pablo tiene de ver a Timoteo de nuevo (1:4)
    3. Tres generaciones enraizadas en una fe verdadera: Loida, Eunice y Timoteo (1:5)
    4. El deber de Timoteo de revigorizar su fe y ministerio (1:6-7)

III. Las responsabilidades de Timoteo ante las aflicciones por causa del evangelio (1:8-2:13)
    1. Compartir la fe y encarar los sufrimientos (1:8)
    2. Recordar que Dios lo ha llamado a la santidad (1:9-12)
    3. Preservar fielmente las enseñanzas paulinas (1:13-14)
    4. Estar preparado para las desilusiones pero también para las muestras de solidaridad (1:15-18)

5. Ser fuerte en Cristo (2:1)
6. Transmitir la tradición apostólica (2:2)
7. Soportar el sufrimiento junto a otros líderes en el ministerio (2:3-7)
    a. Como soldado (2:3-4)
    b. Como atleta (2:5)
    c. Como agricultor (2:6-7)
8. Imitar el ejemplo de Cristo y de Pablo (2:8-10)
9. Creer en el mensaje de vida del evangelio (2:11-13)

IV. Las tareas que Timoteo debe realizar para desarrollar su liderazgo (2:14-26)
   1. Comportarse como persona a quien Dios aprueba (2:14-17a)
   2. Evitar el mal ejemplo dado por los falsos maestros (2:17b-19)
   3. Ser instrumento honorable y útil en las manos de Dios (2:20-21)
   4. Vencer los desafíos propios de la juventud (2:22-24)
   5. Tratar a los adversarios sabiamente (2:25-26)

V. Advertencia contra los falsos maestros (3:1-9)
   1. La sociedad corrupta que se avecina y que ya está presente (3:1-5)
   2. Perfil negativo de los falsos maestros (3:6-9)

VI. El ejemplo de Pablo y el deber de Timoteo (3:10-17)
   1. Timoteo conoce el ministerio ejemplar de Pablo (3:10-13)
   2. Pablo exhorta a su discípulo a continuar firme en la fe (3:14-17)

VII. El ministerio de proclamación de Timoteo (4:1-8)
   1. El mandato a proclamar la Palabra en todo momento (4:1-5)
   2. Pablo ha cumplido con su ministerio (4:6-8)

VIII. Oposición humana y apoyo divino en el ministerio de Pablo (4:9-18)
   1. El apóstol reitera su deseo de ver a Timoteo y habla sobre algunas deserciones (4:9-15)
   2. La compañía y el cuidado de Dios a Pablo en medio de las aflicciones (4:16-18)

IX. Conclusión (4:19-22)
   1. Asuntos finales (4:19-21)
   2. Despedida (4:22)

I. Introducción (2 Timoteo 1:1-2)

La segunda carta de Pablo a Timoteo comienza con una introducción muy corta que, en formato y contenido, es casi una fotocopia de la introducción a la primera: Pablo se presenta a sí mismo (1:1), identifica a Timoteo como el destinatario de la carta (1:2a) y comparte con él su acostumbrado saludo pastoral (1:2b).

1. Autoría (1:1)

Así como lo hizo en la primera, en esta segunda correspondencia Pablo se autodesigna por medio de su nombre latino, "Pablo", y menciona su posición y misión como "enviado (con una misión)"; es decir, "apóstol". En este versículo, Pablo caracteriza su apostolado de tres maneras. Primeramente, señala que es Jesús, el Mesías o el Ungido, quien lo ha enviado. El apostolado de Pablo no es de origen o autoridad humana. Segundo, Pablo ha sido designado como apóstol porque Dios así lo quiso; no ha sido un acto arbitrario de parte de Jesucristo o algo que Pablo se inventó (cf. Gl 1:11-2:10). El Hijo y el Padre concuerdan en esta decisión de escoger y enviar a Pablo. Mientras que en Primera a Timoteo, Pablo habla de su apostolado como un "mandato divino" (1 Ti 1:1), en su segunda carta suaviza el tono un poco al hablar de su apostolado como "voluntad divina". Los dos conceptos teológicos se complementan. Tercero, Dios llamó y envió a Pablo para que la vida eterna llegara a todo ser humano. Ésta es "la promesa" para quienes creen en Cristo y que aún aguarda cumplimiento total en el futuro (cf. 1 Ti 4:8). El apostolado paulino descansa sobre esta realidad. Con todo esto, Pablo, desde el mismo inicio de la segunda carta, reafirma el origen y la autoridad de su posición y función como heraldo del evangelio. La implicación es que lo que Timoteo está a punto de leer tiene el aval divino.

2. Destinatario (1:2a)

Timoteo, querido hijo en la fe cristiana, es el destinatario de esta segunda epístola (1:2a). El que Pablo destaque que Timoteo es su "hijo espiritual", por segunda vez, es significativo (cf. 1 Ti 1:2). Entre otras cosas, resalta el valor que el apóstol la da a este tipo de relación. También deja ver que existe una relación de autoridad, pues, como era común en tiempos bíblicos, se espera que el converso, de alguna manera, siga los pasos de quien facilitó su conversión y fungió como su maestro y mentor en la nueva fe.

3. Saludo (1:2b)

Pablo cierra esta breve introducción con su acostumbrado saludo pastoral, en el que desea, casi a manera de oración, que el amor, la gracia y la paz de Dios se hagan presentes en la vida de Timoteo. De todos estos valores espirituales, la gracia es central y presagia algo del tono y carácter del contenido de esta segunda epístola. De hecho, Pablo la comienza, desarrolla y termina pensando en el amor incondicional de Dios: la gracia es un regalo inmerecido que viene de lo alto, salva y aparta al cristiano para el servicio, y se ha revelado en Jesús (1:9-10); en esta gracia, Timoteo debe fundamentar su ministerio (2:1); esta gracia es la que ha de acompañar a Timoteo (4:22).

II. Acción de gracias por Timoteo (2 Timoteo 1:3-7)

Pablo fue un hombre de oración y muchas de sus oraciones tomaron forma escrita. Un buen número de sus cartas comienza con una sección de acción de gracias por los lectores originales. En las pastorales, Segunda a Timoteo es la única epístola que tiene esta sección como abreboca. En ella, pueden notarse cuatro ideas principales: luego de agradecerle a Dios por la vida de Timoteo (1:3), Pablo expresa su deseo de verle de nuevo (1:4), trae a la memoria la semilla de la fe que plantaron en Timoteo su abuela y su madre (1:5), y le anima a revitalizar su fe y ministerio, de los que esa fe familiar es el germen (1:6-7). Por medio de estas ideas, Pablo crea las condiciones favorables para convencer a Timoteo de lo que debe creer y hacer (1:8-4:22). La comunicación es efectiva cuando resaltamos o alabamos a las otras personas por su trasfondo, virtudes y logros.

Segunda a Timoteo

1. La oración incesante de Pablo por su discípulo (1:3)

En su primera carta a Timoteo, antes de dar gracias a Dios por su ministerio apostólico, lo primero que Pablo hizo fue recordarle a Timoteo de su misión en Éfeso (1 Ti 1:3-11). La urgencia de la tarea por delante así lo exigía. En esta segunda misiva, sin embargo, las circunstancias son otras. Pablo, ya anciano, encarcelado y convencido de que su ministerio ha sido exitoso pero que está a punto de terminar, quiere hacer los arreglos de último momento para preparar para su partida a la generación de relevo, de la que Timoteo es parte importante. Dar gracias a Dios por la vida de su discípulo por medio de la oración es uno de los mejores recursos para canalizar esta transición, y la presente carta es el medio más adecuado para hacer público el interés pastoral que Pablo tiene por el bienestar espiritual de Timoteo. Es por ello que el apóstol intercede por Timoteo delante de Dios con espíritu de gratitud pero, a la vez, con constancia (lit. "de día y de noche"). Aunque no sabemos con exactitud por qué Pablo da gracias o intercede, el contexto parece darnos algunas claves. No debería extrañarnos que Pablo hubiese dado gracias a Dios por la fe que Timoteo heredó de su abuela y madre y por su ministerio pastoral (1:4-6). Es posible que el apóstol hubiese pedido a Dios que consolase a Timoteo, le concediese la oportunidad de verlo pronto (cf. 4:9-13) y que le diera un nuevo ímpetu a su ministerio (1:4, 6-7). Saber que alguien ora por nosotros de esta manera, particularmente, nuestro maestro o persona con quien tenemos una relación cercana, refuerza nuestra relación con esa persona y es, también, un incentivo para seguir adelante. El corazón pastoral de Pablo fue lo suficientemente amplio como para apartar tiempo para orar por otros cristianos (cf. Ro 1:10; 1 Ts 1:2; 3:6). La oración persistente es un imperativo cristiano que Pablo ejemplifica bien. Tanto la disposición o el espíritu de quien ora como la frecuencia con la que se ora son lecciones importantes para quienes valoramos el ministerio de intercesión.

Ese Dios a quien Pablo ora cuando se acuerda de Timoteo es el Dios a quien Pablo sirve y a quien otros judíos sirvieron. Empero lo hace con una "conciencia impecable" o "pura". Orgulloso de sus tradiciones culturales y religiosas, y estando al tanto de su importancia (cf. Hch 22:3; 24:14), Pablo se ubica a sí mismo dentro de la línea de quienes han dedicado tiempo y energía para trabajar por Dios. Que Pablo fue sincero y estuvo convencido de la naturaleza de sus hechos puede verse aun antes de su conversión a Cristo (cf. Hch 23:1). Pero ahora, convertido a Cristo, el apóstol ministra con un conocimiento aún mayor. El servicio a Dios no es único en su especie o algo que se le rinde al margen de la historia. Tampoco es algo que se debe hacer sin pensarlo muy bien. Actuar bajo engaño o en ignorancia no son buenos aliados del servicio a Dios.

2. *El deseo que Pablo tiene de ver a Timoteo de nuevo (1:4)*

El Nuevo Testamento dibuja la imagen de un Pablo intelectual, dedicado a la oración, interesado por el bienestar espiritual de sus congregaciones y sus líderes, apasionado por el ministerio, y orientado hacia la acción. Pero también el Nuevo Testamento nos revela a un Pablo que cree en el contacto personal y que es sensible a los sentimientos de los demás. Esto es lo que nos muestra este versículo. Cuando el apóstol se acuerda de Timoteo en sus oraciones y le da gracias a Dios por él, dos pensamientos le cruzan la mente: "las lágrimas" de Timoteo y el intenso deseo de verle otra vez. La razón es que Timoteo es fuente de gozo para el apóstol. De hecho, ver a Timoteo de nuevo es uno de los propósitos de Pablo al escribirle su segunda epístola (cf. 4:9, 21). El que Pablo comunique este sentir a Timoteo indica que tenía un alto concepto de su hijo espiritual, que valoraba la relación fraternal que los unía y que ésta necesitaba ser cultivada por medio del contacto directo. Es posible que la cláusula "al acordarme de tus lágrimas" se refiera a la tristeza que Timoteo sintió tras la partida de su maestro la última vez que se vieron, y que quedó grabada en el pensamiento de Pablo como algo por lo cual debía interceder. Verle otra vez proveería la oportunidad de llevar algo de consuelo. La honestidad y los sentimientos con los que Pablo se expresa aquí fortalecen la relación de autoridad entre él y su alumno.

3. *Tres generaciones enraizadas en una fe verdadera: Loida, Eunice y Timoteo (1:5)*

Pablo no solamente recuerda "las lágrimas" de Timoteo (1:4), sino también la "fe sincera" que ahora vive en Timoteo (lit. "la fe no hipócrita" y que, por lo tanto, es genuina). De esto no hay ninguna duda. "De esto estoy convencido", afirma Pablo, y, por eso, el apóstol elogia la fe de su discípulo. Sin embargo, el joven Timoteo no es el primero en su familia en profesar fe en Cristo o el único cuya fe merece ser celebrada públicamente. Timoteo representa, por lo menos, la tercera generación de creyentes. Este hecho contribuye a que la tradición cristiana se transmita, lo cual es de suma importancia para Pablo (cf. 1:13-14; 2:2). Sea por intermedio del mismo Timoteo o de alguna otra fuente, el apóstol se enteró de que la abuela de Timoteo creyó en Cristo primero y luego su madre, Eunice. Como cosa curiosa, Pablo omite información sobre el rol del padre y del abuelo de Timoteo. Aparte de esta referencia a la abuela de Timoteo en este versículo, no sabemos más de ella. Su nombre significa "más deseable" o "mejor". La segunda generación convertida a Cristo fue la madre de Timoteo, Eunice, cuyo nombre significa "buena victoria". Posiblemente de origen griego, esta mujer fue oriunda o vivió cerca de la región de Listra o Derbe, en Asia Menor (Hch 16:1). El conocimiento que Timoteo tiene del Antiguo Testamento, posiblemente, se lo deba a estas grandes mujeres (cf. 3:15).

Pablo no da detalles de cómo estas mujeres se convirtieron a la fe cristiana o del papel específico que tuvieron en la formación cristiana de Timoteo. Solamente podemos especular al respecto. Reconociendo el poder que tiene recordar a las personas que han marcado nuestras vidas para bien, Pablo hace consciente a Timoteo de la gran influencia que estas dos mujeres ejercieron en la vida de este joven predicador, y por ellas también da gracias. En todo peregrinaje de fe siempre existen personas que han fungido de esta manera, sea en la familia, el trabajo, la escuela o la iglesia. Parte de nuestro deber es celebrar la contribución que cada una de ellas ha hecho a nuestra formación e imitar sus buenas acciones. La experiencia de Timoteo, además, tiene las marcas de una sociedad patriarcal, pues la tarea de la educación en el ámbito doméstico correspondía a las mujeres. A pesar de ello, en esta experiencia se destaca el papel positivo que las mujeres pueden tener al educar a sus hijos en los principios cristianos, sin olvidar la influencia que mentores tales como Pablo pueden tener también. Esto, por supuesto, no excluye el que los hombres se involucren mucho más en la formación de sus hijos. La educación, sea secular o religiosa, es trabajo de todos y, a la postre, tiene poco que ver con el sexo de la persona. Por sobre todas las cosas, la iglesia debe ser una comunidad didáctica.

4. El deber de Timoteo de revigorizar su fe y ministerio (1:6-7)

El que la fe de Timoteo sea verdadera (así como lo fue la fe de su abuela y madre) es razón suficiente para que Timoteo le dé un nuevo empuje a su ministerio pastoral. La acción de gracias de Pablo por su hijo espiritual no se duerme en la euforia del recuerdo, las peticiones o un mero formalismo literario para persuadirlo a seguir siendo fiel (1:3-5). La condición espiritual y el trabajo ministerial de Timoteo le importan mucho a Pablo. Y ya que esto es cierto, el apóstol no quiere correr el riesgo de que "la llama" del Espíritu, que ha mantenido viva la fe de Timoteo, pierda intensidad o, peor aún, que se extinga a causa de la timidez, el temor, la vergüenza, la inseguridad o cualquier otro sentimiento (cf. 1:7, 8-18; 2:1). Tampoco desea que el ministerio de su aconsejado, reconocido formalmente por la comunidad cristiana y simbolizado por el ritual de la imposición de manos en su ordenación al ministerio, se venga abajo (cf. 1 Ti 4:14). Por eso, a la luz de la herencia religiosa familiar de Timoteo (1:5), y porque Dios nos ha dado un espíritu de poder, amor y dominio propio o disciplina personal (cf. 1:7), el apóstol anima a su discípulo a que avive "la llama del don de Dios" que mora en él (1:6). A pesar de que Pablo no explica esta última frase, es posible que sea una referencia a la ordenación de Timoteo al ministerio, la cual presupone su fe en Cristo, el reconocimiento público del llamado de Timoteo al ministerio y, quizá, hasta la manifestación del Espíritu de forma sobrenatural durante la ceremonia de ordenación. La exhortación en este versículo a avivar dicha llama es directa pero no explícita. Sin embargo, Pablo sienta algunas pautas más específicas sobre cómo avivar este "don" en los pasajes que siguen (cf. 1:8-18; 2:1; etc.). Tanto la fe como el llamado al servicio cristiano son dádivas divinas que hay que llevar hacia niveles más altos. No debemos dormirnos en los laureles o descuidarnos al respecto.

Para avivar la llama del don de Dios (1:6), Timoteo necesita saber que Dios no es partidario de aquellos sentimientos o actitudes que reducen la intensidad o hasta apagan "la llama", particularmente, la timidez o la cobardía. Por el contrario, Dios les ha dado a Timoteo, y a tantos otros creyentes, la fuerza y la disposición mental para echar su fe y ministerio hacia adelante, al igual que la capacidad para amar a Dios y a otras personas y para controlar sus acciones (cf. Tit 1:8; 2:5-6). Timoteo debe, entonces, avivar la llama de su fe y de su ministerio, no sólo porque esto es la voluntad divina, sino porque Dios le ha provisto de los recursos espirituales para hacerlo con efectividad. El obrero cristiano efectivo es aquel que, entre otras cosas, depende, principalmente, del poder que procede del Espíritu (Hch 1:8). Aunque es cierto que en la vida cristiana muchas veces necesitamos de personas que nos exhorten a echar mano del poder del Espíritu, como en el caso de Pablo a Timoteo, al final, le corresponde a cada individuo adueñarse de este recurso.

III. Las responsabilidades de Timoteo ante las aflicciones por causa del evangelio (2 Timoteo 1:8-2:13)

El tema de la fidelidad a Cristo en medio del sufrimiento satura la agenda de Segunda a Timoteo. Dedicándole la atención que este tema merece, en el presente pasaje, Pablo enumera lo que Timoteo debe hacer ante las aflicciones que normalmente se suscitan como resultado del servicio a Dios. Aunque este texto puede dividirse en dos unidades mayores (1:8-18 y 2:1-13), dado el hecho de que las exhortaciones y reflexiones paulinas allí tienen muchos puntos afines y parten de un contexto de adversidad, hemos decidido reorganizar los encargos de Pablo a su alumno en la fe de una manera más sistemática. Previendo que su joven aconsejado pudiera sentirse temeroso, preocupado, avergonzado o hasta débil ante las pruebas del ministerio, el peligro de las falsas doctrinas y el encarcelamiento de Pablo, el apóstol busca fortalecer a su alumno, Timoteo, con una serie de recomendaciones, algunas de ellas, un tanto repetitivas.

¿Qué debe, entonces, Timoteo poner en práctica? 1) Para reavivar su fe y ministerio (1:6-7), Timoteo debe hablar de la fe con denuedo y fuerza, y enfrentar las aflicciones con valentía (1:8). 2) Dios nos llamó y salvó, precisamente, para vivir "la santidad", de la cual es parte la predicación con poder carismático (1:9-12). Timoteo no debe olvidarse de este principio teológico. 3) El joven discípulo de Pablo debe seguir los lineamientos de la sana doctrina y defenderlos (1:13-14). 4) Ante el ejemplo de personas que se han acobardado ante los sufrimientos por causa del evangelio, y de otras que han sido fieles, Timoteo debe imitar a estas últimas y descartar a las otras (1:15-18). 5) Timoteo necesita fortalecer su fe y su ministerio, confiando en el amor incondicional de Cristo (2:1). 6) También es su responsabilidad mantener viva la tradición apostólica que ha heredado (2:2). 7) El sufrimiento es una experiencia de la que todos los ministros participan y no sólo Timoteo, por lo que éste debe recibirlo con el espíritu correcto (2:3-7). 8) Cristo y Pablo han sufrido por el cristianismo y, por lo tanto, son ejemplos que Timoteo debe considerar seriamente (2:8-10). 9) Para cerrar, Timoteo debe recordar el mensaje de esperanza que el evangelio contiene (2:11-13).

1. Compartir la fe y encarar los sufrimientos (1:8)

En este versículo encontramos el núcleo de la exhortación alrededor del cual han de girar el resto de este pasaje (1:8-18) y el que le sigue (2:1-13). Ya que Dios ha dotado a todo cristiano de "la dinamita del Espíritu" para reavivar su fe, Pablo concluye que Timoteo debe proclamar el mensaje de Cristo con todo denuedo y confianza, aun en medio de situaciones adversas y riesgos personales. Su obligación es ser y actuar como "testigo" del Señor, sin importar el precio que tenga que pagar o el fragor de la lucha. Pablo es ya anciano y se encuentra en prisión, posiblemente en Roma, y por orden del emperador romano Nerón. Los días del apóstol están contados. Esta situación podría hacer que Timoteo tuviese temor por su propia vida, por la de su maestro o por ambas. Visitar a Pablo en la cárcel no sería una buena idea (cf. 1:17). Es posible que otros desafíos propios del ministerio estuviesen afectando los sentimientos de este joven pastor. Ante la amenaza de que todo esto pudiera apagar "la llama del don de Dios", Pablo no sólo le aconseja a Timoteo que comparta la fe con otros, sino que le deja saber, también, que sufrir por causa del evangelio no es vergonzoso ni debe evitarse. El que el apóstol esté en prisión no es motivo de vergüenza o abandono. Muy por el contrario, Timoteo debe hacer de este padecimiento algo suyo (lit. "sufrir juntamente con") y dejar que el poder que proviene de Dios lo fortalezca. Por cuanto estamos en una guerra espiritual, ése es el deber de Timoteo como buen soldado de Jesucristo (2:3). Más tarde, Pablo menciona a Onesíforo como modelo que Timoteo debe emular (1:16-17). La actitud de Figelo y Hermógenes, por el contrario, es muestra de lo que Pablo no quiere que su alumno haga (1:15).

Segunda a Timoteo

2. Recordar que Dios lo ha llamado a la santidad (1:9-12)

Para Pablo, existe una razón que justifica el que Timoteo asuma esta actitud de valentía y solidaridad ante el sufrimiento y la persecución, y es que la gracia divina mostrada en Cristo así lo exige (1:9-10). Mucho antes del comienzo del tiempo, según el apóstol, Dios nos redimió de nuestra condición de pecado y nos llamó para que viviéramos como personas apartadas del mal y consagradas al bien; es decir, para que viviéramos en "santidad". Lo que Pablo le requiere a Timoteo en 1:8 es, precisamente, parte de esa santidad a la que ha sido llamado. Ésta es la voluntad divina para todo creyente (1 Ts 4:7). Puesto que esto es resultado del amor libre e incondicional de parte de Dios, las acciones humanas cuentan para nada (Ro 3:28; Gl 2:16; Ef 2:8-9). "Las buenas obras" son, más bien, el resultado y evidencia de la fe que salva, y no su base (1 Ti 2:10; Tit 3:5). La gracia nos mueve a vivir en gracia, lo cual conlleva correr todo tipo de riesgo. Jesús vino en carne para destruir el poder de la muerte y dar vida por medio de la revelación del evangelio. El amor incondicional de Dios nos invita a proclamar ese amor incondicionalmente y en el poder del Espíritu aun en medio de situaciones adversas.

A Pablo se le ha confiado ese mensaje de la gracia divina (1:9-10; 1 Ti 6:20) con un propósito claramente definido: para que lo comunique a otras personas en el poder de Dios. De hecho, Dios lo nombró como "heraldo," "apóstol" y "maestro" (cf. 1 Ti 2:7). Sin embargo, la exhortación de Pablo a Timoteo no es un mero consejo teórico o algo ajeno a su propia experiencia. Pablo está exigiendo algo que él experimentó en carne propia. Él ha tenido que sufrir por causa de Cristo, pero no se ha avergonzado de ello; por el contrario, ha confiado plenamente en el poder divino y ha predicado las Buenas Noticias con libertad y confianza (1:11-14). Pablo sabe en quién ha depositado su confianza plena y está convencido de que Dios lo ha de proteger hasta el día del juicio final. Para dar credibilidad a su persona o validar su apostolado, Pablo, a veces, apela en sus cartas a su ejemplo de sufrimiento personal (1 Co 4:9-13; 2 Co 4:7-12). Aunque esto pudiera sonar como arrogancia de parte de Pablo, en una relación maestro-alumno, en la antigüedad, esto era normal, pues se esperaba que el maestro fuera modelo y que el alumno se esforzara por ser una copia fiel de quien lo instruía. Jesús reprodujo este valor social cuando afirmó que al alumno le basta ser como su maestro. La relación de autoridad que existe entre un maestro y su discípulo se nutre de la praxis personal.

3. Preservar fielmente las enseñanzas paulinas (1:13-14)

Tras la exhortación de 1:8 y su justificación teológica en 1:9-10, el apóstol espera que Timoteo sea fiel a la tradición teológica apostólica, particularmente, a la versión que su maestro le ha enseñado y demostrado. Para que esto ocurra, Timoteo debe hacer dos cosas. En primer lugar, debe seguir el patrón establecido por "la sana doctrina" (1:13); es decir, las pautas y principios teológicos de la fe cristiana según la interpretación de Pablo. El apóstol desea que su hijo espiritual se apegue al legado que recibió de su maestro, sea de forma oral o escrita. Imitar la conducta ejemplar de Pablo es importante, pero más importante aún, es obedecer al evangelio directamente. Sin embargo, esta conducta no debe ser mecánica o meramente religiosa. La confianza en Cristo y el amor por él deben caracterizarla, dice el apóstol. En segundo lugar, la fidelidad a las enseñanzas apostólicas es sólo una parte de lo que se requiere. Timoteo debe recordar que esas enseñanzas constituyen una especie de "depósito" que Dios, por medio de Pablo y quizá de otros líderes cristianos, hizo en su vida, y que él debe protegerlo para que no sufra daño alguno y para que sea preservado para la posteridad (1 Ti 1:10; 6:20). Pablo confía en la capacidad de su discípulo para hacerlo con éxito. Como recurso a su alcance, Timoteo tiene el poder del Espíritu Santo, ese mismo poder que le permite afrontar las aflicciones sin acobardarse (1:7-8) y que ha sido clave en el ministerio de Pablo (1:11-12).

4. Estar preparado para las desilusiones pero también para las muestras de solidaridad (1:15-18)

Ilustrar los principios teóricos con ejemplos específicos, particularmente aquellos que surgen de la experiencia personal, ayuda mucho en la comunicación de ideas. Pablo se vale de este recurso para terminar este pasaje (1:8-18). En 1:15-18, Pablo se refiere a dos tipos de líderes: aquél que, avergonzado y temeroso, no fue solidario con Pablo en circunstancias adversas, y aquél que, lleno del poder del Espíritu, mostró valentía y solidaridad en circunstancias similares. Al citar su experiencia con estos dos tipos de personas, el apóstol, simplemente, quiere advertirle a Timoteo no seguir el ejemplo de los líderes que se avergüenzan del evangelio y no quieren sufrir por él, y a cobrar ánimo para seguir adelante a la luz de quienes, fortalecidos por Dios y convencidos de su vocación, mantienen fuertes la fe y el ministerio.

De alguna forma, Timoteo ya se había enterado de que muchos líderes habían dejado a Pablo solo en la provincia romana de Asia, ubicada en el oeste de Asia Menor. Lo triste de esta situación es que Figelo y Hermógenes (lit. "nacido de Hermes", dios griego asociado con la velocidad y la buena suerte, quien fuera mensajero del dios Zeus), a quienes Timoteo posiblemente conocía, hicieron lo mismo (1:15). Sicológicamente, no es de extrañar que esta situación hubiese añadido más sufrimiento al apóstol. Por ser una preocupación de Pablo, el apóstol regresará al tema de los desertores y los creyentes fieles más tarde en esta carta (2:17; 4:10, 16). Pablo no explica cuál fue el evento específico que llevó a tantos líderes a actuar de esta manera o cuándo sucedió. Es posible que la referencia sea a algún tipo de persecución que, finalmente, llevó a Pablo a la cárcel en Roma por segunda vez. Como trasfondo al comentario de Pablo, hay que recordar que durante su tercer viaje misionero, Pablo pasó tres años en la ciudad de Éfeso (Hch 20:31) y que, mientras estuvo allí, el evangelio fue predicado en cada rincón de la provincia de Asia (Hch 19:10), con algunos desafíos propios del caso.

Contrario al ejemplo de estos líderes, Onesíforo no se avergonzó de Pablo o del evangelio ni cedió al temor (1:16-17; 4:19). Este líder fue solidario y, por lo tanto, Pablo pide, enfáticamente, que el amor incondicional de Dios more con él y su familia. Este compañero de ministerio, cuyo nombre significa "quien brinda o trae ayuda", ciertamente, honró el significado de su nombre. Pablo señala que Onesíforo no se avergonzó de que el apóstol estuviera en prisión y compartió con él algunas palabras de estímulo. Cuando Pablo estuvo en la cárcel en Roma por primera vez, Onesíforo se esforzó por visitarle en prisión, cumpliendo así la enseñanza de Jesús y del escritor del libro de Hebreos de que hay que visitar a los presos (Mt 25:36, 39, 43-44; Heb 13:1-3). Esto no fue tarea fácil, puesto que había muchos prisioneros en Roma y dar con la persona adecuada requería bastante trabajo y tomaba tiempo. Mas Onesíforo no se dejó llevar por el temor. Además, cuando Pablo estuvo en Éfeso, Onesíforo fue de mucha ayuda, como Timoteo bien sabe. Con estas palabras, Pablo desea que Timoteo siga las pisadas de Onesíforo. En una relación de autoridad, imitar los buenos ejemplos y desechar los malos es un imperativo moral. Pablo y Timoteo bien lo saben.

5. *Ser fuerte en Cristo (2:1)*

En virtud de los lazos que lo unen a Timoteo, Pablo, ahora, se dirige a él como su "hijo espiritual" (lit. "hijo mío"; cf. 1:2), a fin de exhortarle a que sea fuerte, pero sobre la base de la gracia que es en Cristo Jesús. El tono de este versículo es enfático y fraternal, pero, a la vez, resume el mensaje central del apóstol en 1:3-18. Aparte del poder carismático con el que Timoteo siempre puede contar para resistir las aflicciones, existe la relación personal con Cristo y su amor incondicional, que no deben olvidarse. Esa "gracia", que sirve como fundamento para la santidad y la santificación (1:2, 9; cf. 4:22), es la misma gracia a partir de la cual Timoteo puede y necesita robustecer su fe y ministerio. Pero, como el apóstol ya ha demostrado, ésta no es una mera doctrina sin vínculo con el diario vivir. Por el contrario, es ciento por ciento práctica y pertinente. Por sobre todas las cosas, esta gracia procede y se ha encarnado en la persona y obra del Jesucristo de la historia. Es en unión a ese Cristo (por medio de la fe) que como cristianos podemos fortalecer nuestra relación con él, a fin de enfrentar los momentos difíciles. El apóstol ha hecho hincapié en este punto de varias maneras en los versículos anteriores (cf. 1:6-8, 13-14). No se pierde nada con insistir en lo que ya Timoteo sabe.

6. *Transmitir la tradición apostólica (2:2)*

Mantener intacta la tradición apostólica y transmitirla fielmente a otras generaciones de cristianos es sumamente importante. El apóstol quiere asegurarse de que esto suceda antes de su partida para estar con el Señor. Por eso, insiste en que Timoteo sea "guardián" del mensaje que recibió de Pablo (y otros líderes) y sea fiel "difusor" de éste (cf. 1:5; 1:13-14; 2:14). De esta manera tendrá la capacidad para ayudar a otros cristianos a cumplir con la misma tarea que se le encomendó. Pablo está interesado en que sus enseñanzas y versión del evangelio tengan continuidad. Sin embargo, esto no es todo. Timoteo debe fijarse muy bien en las personas que ha de escoger para realizar este trabajo. Según

Pablo, para ser buenos depositarios y comunicadores de este legado cristiano estas personas deben ser totalmente confiables, pues de otra manera el riesgo de tergiversar el mensaje sería muy grande y las falsas doctrinas triunfarían.

7. Soportar el sufrimiento junto a otros líderes en el ministerio (2:3-7)

Ya que servir a Cristo no es siempre color de rosa, Timoteo debe armarse de valor para enfrentar los momentos difíciles. Un buen mentor siempre advierte en contra de los peligros de la vida pero, a la vez, anima a enfrentar la lucha. Rendirse ante el enemigo o abandonar la lucha es inconcebible. Otra vez, sufrir por causa de Cristo ha sido un elemento constituyente del ministerio de Pablo y de otros; Timoteo no es la excepción. Este joven pastor debe reconocer ese hecho y dar la bienvenida a las aflicciones (2:3a). Para enfatizar este concepto, Pablo utiliza, en este versículo, el mismo verbo que utilizó en 1:8 (lit. "sufrir juntamente con").

La posición que tiene el ministro cristiano y la función que realiza son comparables a la posición y el trabajo de tres tipos de personas con quienes Timoteo está bien familiarizado: el soldado, el atleta y el agricultor (2:3b-7). Como suele hacerlo en otras de sus cartas en relación con el servicio cristiano (1 Co 7:24-27; 9:6), el apóstol se vale de estas ilustraciones para clarificar el comportamiento que se espera de su hijo Timoteo. Como "soldado de Cristo" (2:3b-4), Timoteo debe estar dispuesto a sufrir junto a soldados como Pablo y otros líderes del evangelio. Sin embargo, Timoteo debe llevar a cabo esta orden con mucha paciencia, es decir, soportando o aguantando el sufrimiento. El poder carismático a nuestra disposición y la unión a Cristo por fe son elementos claves. El mal soldado se rendiría ante la lucha, negaría su identidad como miembro del ejército y desilusionaría a sus superiores. Quien milita en el ejército de Cristo no se inmiscuye o enreda en asuntos civiles que no tienen nada que ver con sus responsabilidades. El buen soldado no compromete su lealtad. Más bien, debe agradar a quien lo enlistó y es su comandante en jefe, Cristo. Hay una guerra contra los poderes de las tinieblas en la que cada ministro del evangelio debe participar. Pablo utiliza frecuentemente este tipo de lenguaje para hablar de esta dimensión del ministerio (cf. Filp 2:25; Flm 2;

1 Ti 6:12). Como "atleta de Cristo" (2:5), Timoteo, como tantos otros, compite en "la carrera de la vida" (quizá una maratón), en donde la idea es llegar a la meta y obtener la corona de laureles. Timoteo debe competir para ganar o tener éxito. La imagen utilizada aquí es la del corredor que compite en la arena o el estadio de muchas ciudades del mundo greco-romano (cf. Heb 12:1-3). Sin embargo, Pablo advierte que no se puede obtener dicho galardón a menos que se sigan las reglas al pie de la letra. Quien no compite de esta manera corre el riesgo de ser descalificado. Para evitar esta tragedia, Pablo comparte con este joven corredor algunas estrategias y tácticas, basándose en su propia experiencia ministerial (2 Ti 4:6-8). Finalmente, como "agricultor de Cristo", Timoteo debe ser el primero en disfrutar de la cosecha (2:6-7). Pero para segar hay que plantar y trabajar mucho. La cosecha no se da por sí sola. Es el "labrador esforzado" quien finalmente cosechará lo que ha sembrado o, por lo menos, una buena porción de ello. Timoteo debe trabajar muy duro en su ministerio si es que quiere ver resultados positivos.

Si bien estas ilustraciones son pertinentes al caso y fáciles de entender, Pablo no piensa por su aconsejado ni decide por él. Más bien, coloca todo en sus manos. Ésta es la función de un buen maestro o consejero espiritual. Así pues, confiando en la capacidad y libertad que Timoteo tiene de hacer lo correcto, Pablo le aconseja que reflexione y medite detenidamente en todo lo que le ha dicho (2:7). Se necesita tiempo para procesar la información, pues hay que calcular el costo cuando hay aflicciones de por medio. Sin embargo, se requiere mucho más que el mero esfuerzo mental. Existe una dimensión espiritual o mística que Pablo quiere recalcarle a su alumno para guiarle en su proceso de decisión. Ya que Dios es la fuente de todo conocimiento, Pablo confía en que Dios ha de iluminar a Timoteo y mostrarle el camino. Con este deseo y palabra de aliento concluye esta sección (2:3-7).

8. Imitar el ejemplo de Cristo y de Pablo (2:8-10)

Tras la pausa que invita a Timoteo a reflexionar sobre los consejos paulinos y la afirmación de que Dios le dará un entendimiento profundo sobre ellos (2:7), Pablo apela al sufrimiento de Cristo (2:8a) y al suyo propio como modelos (2:8b-10). No existe mejor evidencia que la experiencia misma. Por cuanto Cristo es la fuente, la razón de ser y el motivo del cristiano, Pablo anima a Timoteo a considerar, seriamente, el ejemplo de Jesucristo, descendiente de David. Este último título resalta las raíces humanas de Cristo, su humanidad (Ro 1:3-4). La muerte no le venció; Dios le resucitó (2:8b). Así que Timoteo adora y sirve a un Cristo vivo. Éste es el mensaje de esperanza sobre el que el evangelio se basa. Pero Pablo tiene más que decir. A la par de utilizar a Cristo como paradigma, Pablo apela a sus propias aflicciones, de modo que Timoteo cobre ánimo para enfrentar las suyas (2:8b-10). El asunto no es mera teoría; Pablo tiene autoridad moral para aconsejar a su discípulo. El mensaje que el apóstol predica, y por el cual vive, es un mensaje de vida: ¡Cristo resucitado! Y por creer y predicar este mensaje, el apóstol ha sido tratado como criminal y está en la cárcel, posiblemente, en Roma y por segunda vez. A pesar de la situación difícil en que Pablo se encuentra, la Palabra de Dios no está presa (2:9). Pablo no es imprescindible para la proclamación del evangelio; es sólo uno de muchos instrumentos en el plan divino. No es que el apóstol sea masoquista. Es el amor por quienes han de creer en el evangelio (lit. "los elegidos") lo que motiva a Pablo a predicar hasta las últimas consecuencias. Si él recibió la salvación de Dios como un acto de gracia, ¿por qué no extender el mismo favor a los demás? Vale la pena, entonces, el sacrificio personal.

9. Creer en el mensaje de vida del evangelio (2:11-13)

Pablo culmina su exhortación a dar la bienvenida a las aflicciones, como parte del servicio cristiano, citando lo que parece ser un credo o himno cristiano antiguo. La cita va precedida por una fórmula literaria que Pablo utiliza en las pastorales para referirse a asuntos de suma importancia de la fe cristiana y que, por lo tanto, deben ser aceptados como verdades irrefutables ("es digna de confianza esta afirmación"; cf. 1 Ti 1:15; 3:1; 4:9; Tit 3:8). Esta cita, redactada de forma poética y en cuatro cláusulas condicionales, enfatiza algunos puntos cardinales de la fe cristiana en los que Timoteo debe poner toda su confianza. En primer lugar, identificarnos con la muerte y el sufrimiento de Cristo por medio de la fe implica que, paradójicamente, vivimos y reinamos juntamente con él (2:11-12; cf. Ro 6:1-14). Sin embargo, hay que soportar o aguantar los momentos difíciles con perseverancia, hasta las últimas consecuencias (cf. Mt 10:22). Así que, no importa la crisis por la que los creyentes pasen, estarán unidos a Cristo y compartirán su riqueza y poder, siempre y cuando luchen hasta el final. Las aflicciones, o aun el mismo martirio, no tienen la última palabra. Por esta razón, el cristiano debe considerarse "muerto al pecado" pero "vivo para Cristo" (cf. Ro 6:1-14). Timoteo debe anclar su ministerio en esta promesa. Segundo, negar a Cristo (sea en forma de apostasía o abandonando el ministerio) afecta, radicalmente, la relación del cristiano con Cristo. Si lo "desheredamos" en el presente, es decir, si decidimos que él no debe tener parte alguna en nosotros porque no creemos en él, Cristo hará lo mismo con nosotros en el día del juicio (cf. Mat 10:33; Tit 1:16). No podemos rechazar a Cristo sin terminar rechazándonos a nosotros mismos. Ésta es una fuerte advertencia para que Timoteo piense bien lo que va a hacer y se mantenga firme en la fe. En tercer lugar, si Timoteo o cualquier cristiano decide desobedecer a Cristo, hay que recordar que la fidelidad de Cristo para con nosotros es incondicional y eterna; este atributo es la esencia de quien él es (Ro 3:3-4; 1 Co 10:13; 1 Ts 5:24; Ap 19:11). Cristo no puede ir en contra de su propia naturaleza. Todo cristiano puede contar con ello, no para abusar o aprovecharse de esta dádiva inmerecida, sino para responder a Cristo en fe y amor.

IV. Las tareas que Timoteo debe realizar para desarrollar su liderazgo (2 Timoteo 2:14-26)

Después de preparar a Timoteo en lo concerniente al sufrimiento (1:8-18), y de animarle a que se fortalezca en Cristo para encararlo (2:1-13), en este nuevo apartado, Pablo se enfoca en la persona de Timoteo como líder. Para que pueda desarrollar un liderato ejemplar, Timoteo debe ejercer las funciones pertinentes a varias áreas del ministerio cristiano. Así pues, en este pasaje notamos 1) algunas instrucciones sobre lo que Timoteo debe hacer para convertirse en un líder a quien Dios reconoce y elogia (2:14-17a); 2) un par de ejemplos negativos de líderes a quienes Timoteo jamás debe imitar (2:17b-19); 3) una exhortación a ser un instrumento útil y que honre a Dios (2:20-21); 4) unos consejos sobre la conducta que Timoteo debe adoptar para vencer algunas tentaciones propias de su juventud (2:22-24) y 5) algunas directrices sobre qué hacer en cuanto a los falsos maestros (2:25-26).

Segunda a Timoteo

1. Compórtase como persona a quien Dios aprueba (2:14-17a)
Timoteo tiene la responsabilidad de ser ejemplo, pero para ser ejemplo este joven pastor necesita demostrar que tiene vocación y capacidad para realizar las tareas que le han sido encomendadas, cuidando de sí mismo y de las ovejas que están bajo su liderazgo. En convicciones, actitudes y conducta, Timoteo debe ser el tipo de líder que los falsos maestros no encarnan. Dios quiere ser testigo de ello. Éste es el desafío principal que Pablo presenta y que el v. 15a parece condensar. Según este versículo, Timoteo necesita hacer todo lo posible (lit. "apresurarse" o "actuar con celo") para mostrarse delante de Dios como una persona "aprobada" (2:15a), es decir, como alguien a quien Dios ha dado el visto bueno porque sus acciones demuestran su fidelidad y compromiso para con Dios. Pablo explica brevemente lo que Timoteo debe realizar para pasar "el examen divino", pero necesitamos reorganizar sus ideas un poco para exponerlas más sistemáticamente. Si existen vicios o malas prácticas que deben eliminarse, también hay virtudes y buenas prácticas que deben cultivarse. Según el v. 15b-c, por ejemplo, una persona a quien Dios aplaude es aquella en la que confluyen dos condiciones. Primero, trabaja en el ministerio y no se "avergüenza" de ello en ningún tipo de circunstancia. Esto incluye las aflicciones por causa del evangelio de las que Pablo habló (1:7-8, 12, 16). Antes que sentirse atemorizado o abandonar la lucha, el ministro aprobado se siente orgulloso de quien es pues ejerce un oficio honorable. Y por cuanto no tiene nada que esconder, está abierto a la evaluación crítica o al escrutinio externos. Pero, también, es una persona que, sin desviarse de su curso, maneja correctamente "la palabra de verdad", es decir, que discierne, entiende, aplica y proclama correctamente el mensaje de Dios (4:2; cf. 1 Ti 4:5; 2 Ti 2:9; Tit 1:3; 2:5). En este sentido, Timoteo debe ser la antítesis de lo que hacen los falsos maestros, particularmente, Himeneo y Fileto (2:17-18). A la luz de esta recomendación, hoy día nuestros pastores y líderes necesitan adiestrarse en el arte, el don y la ciencia de la interpretación bíblica.

Según el v. 14, Timoteo debe seguir recordándoles a las iglesias "todo" lo que Pablo le ha enseñado a él personalmente en esta epístola hasta el presente (1:6-2:13) y aun en lo que queda por delante (2:14b-4:8), comenzando con la advertencia contra las discusiones sin sentido. Para ser "aprobado", Timoteo debe continuar adiestrando a los creyentes en "la sana doctrina", en la que su maestro le instruyó; y también en la Palabra de Dios. Esta estrategia garantiza el pase de la tradición cristiana de una generación a otra, lo cual es muy importante para Pablo y para el discipulado (cf. 1:5; 1:13-14; 2:2). Las conversaciones acaloradas, muchas veces, dividen a la iglesia o revelan cuán dividida está. Por otro lado, discutir con los herejes por discutir no tiene sentido alguno (2:23; cf. 1 Ti 6:4; Tit 3:9). Sea cual sea la situación, un ministro aprobado por Dios jamás debe permitir que las iglesias inviertan tiempo y energía en este error (lit. "no pelear acerca de palabras"). Como parte de su labor educativa, es responsabilidad de Timoteo advertir a los creyentes en contra de esta práctica. Los debates de esta clase son tóxicos y contribuyen a que algunas personas se aparten, no sólo de la iglesia, sino de la fe en Cristo (2:14b). Después del paréntesis en 2:15, Pablo vuelve a este tema y, a título más personal, le recuerda a Timoteo que él también debe mantenerse al margen de discusiones impías o profanas; es decir, carentes de valor y sentido (lit. "que producen sonidos vacíos", 2:16a; cf 1 Ti 6:20). Pablo da dos razones que, básicamente, comunican un mismo punto. La primera es que estas discusiones afectan la moral de quienes participan en ella (2:16b); es decir, las personas que se involucran terminan viviendo una vida impía que irá de mal en peor. La segunda razón, muy conectada a la primera, es que, al participar de estas discusiones, se ayuda a que las falsas doctrinas se propaguen aún más y afecten a un número mayor de personas, hasta el punto de que muchos se aparten del cuerpo de Cristo o tengan que ser "amputados", tal y como sucede con la gangrena que se come la carne humana poco a poco (2:17a). Pablo no quiere que esto suceda con su discípulo o con las iglesias bajo su supervisión. Timoteo, entonces, debe proteger tanto a la iglesia como a sí mismo. Dios aprueba a un ministro que reúna todas estas condiciones y las que siguen en este pasaje y en el resto de la epístola.

2. Evitar el mal ejemplo dado por los falsos maestros (2:17b-19)

El temor de Pablo por la salud espiritual de Timoteo y de las comunidades de fe se basa en su experiencia ministerial como apóstol y es, desde esta perspectiva, justificable. La gangrena de los falsos maestros ya ha dejado ver sus efectos devastadores en el cuerpo de Cristo. Himeneo y Fileto (lit. "el amado"), por ejemplo, se han apartado de la verdad y, no conforme con ello, continúan subvirtiendo la fe de muchos y llevándolos hacia el error (2:17-18). Al primero se le menciona en 1 Ti 1:20 junto con Alejandro; ambos fueron entregados a Satanás por blasfemar. A Fileto, sólo se le menciona en este versículo, pero por su conexión con Himeneo es razonable concluir que ambos son prototipos de líderes que han apostatado de la fe y han sido de mala influencia. Pablo los utiliza en su argumentación como ejemplos que Timoteo no debe seguir. Aunque estos líderes se desviaron de la verdadera fe cristiana en varios puntos doctrinales, Pablo resalta, solamente, uno de ellos: ¡la resurrección! Himeneo y Fileto proclamaban que la resurrección ya había sucedido y que, por lo tanto, ésta no era una esperanza futura, como Pablo y los demás cristianos creían. Por falta de información específica en el texto, esto nos hace suponer que estos falsos maestros creían en un tipo de "resurrección espiritual", quizá ligada a algún concepto de salvación, regeneración o nueva vida en el presente. Naturalmente, Pablo se opone a esta interpretación sobre la resurrección (cf. 1:1; 2:10-11; 4:8). En la iglesia de Corinto tuvo que combatir una herejía semejante (1 Co 15:12-58).

En ninguna manera el caso de Himeneo y Fileto afecta la naturaleza de Dios, su relación con sus hijos o las demandas que él tiene de quienes creen y están comprometidos con su persona. A pesar de la apostasía de estos líderes y sus seguidores, la verdad divina sigue inalterable, según el apóstol. El fundamento del evangelio es sólido, estable y autoritativo (cf. 1 Co 3:11; Ef 2:20; 1 Ti 3:15; Ap 21:14); está "sellado con una inscripción" que viene de la Escritura misma y que resumimos así: Dios conoce a su pueblo (y, por ende, a quienes no son parte de ese pueblo) (Nm 16:5) y, como resultado de la relación filial que los une a ese Dios y en quien creen y proclaman públicamente, es la responsabilidad de los miembros de ese pueblo vivir una vida santa (Job 36:10 e Is 26:13). Los cristianos verdaderos pueden confiar plenamente en la validez de estas columnas doctrinales. Himeneo y Fileto, ciertamente, no supieron honrarlas. Los creyentes verdaderos, por el contrario, deben apartarse de toda maldad.

3. Ser instrumento honorable y útil en las manos de Dios (2:20-21)

Después de referirse a los apóstatas y a la verdad del evangelio que condena tal conducta y anima a los creyentes a ser fieles a esa verdad

(2:17-19), Pablo pasa a ilustrar el hecho de que en la iglesia hay personas que son instrumentos valiosos y útiles en las manos de Dios, mientras que otras no lo son. Si bien Himeneo y Fileto son una muestra de este último grupo, los cristianos, especialmente Timoteo, no deben reproducir este mal ejemplo. Para comunicar esta idea, Pablo utiliza una analogía en la que divide a la iglesia en dos grupos y los compara con dos tipos de utensilios hogareños que se usan para comer o beber (2:20). Hablando en tercera persona y de forma muy general, Pablo le dice a su discípulo que en la casa de una familia grande (es decir, adinerada o de clase alta), por ejemplo, hay jarrones, vasos o platos de diferente valor, que se usan de acuerdo al valor correspondiente. La palabra que en nuestras Biblias se traduce como "vaso" puede tener estas otras connotaciones también. Dichos utensilios pueden ser de "oro" y "plata" como también de "barro" y "madera". Sin embargo, mientras a los primeros se les da un uso "más honorable", a los segundos se les utiliza para propósitos de "menor importancia" o "deshonrosos". Esto resuena mucho con nosotros, pues en algunos hogares tenemos una vajilla que usamos para atender a huéspedes de honor. Al aplicar esta analogía a la iglesia por medio de una oración condicional, el apóstol parece sugerir que Timoteo y los hermanos fieles de la iglesia deben ser y actuar como los utensilios de oro y plata, o sea, como personas a quienes Dios valora y para quienes ha preparado una función muy especial dentro de la iglesia (2:21). Los utensilios de madera y barro representan a aquellos cuyas acciones Dios rechaza y condena. Ejemplo de ello son los falsos maestros, a quienes Himeneo y Fileto tipifican. Según Pablo, en la carta a los Romanos, Dios ha destinado algunos "vasos" como estos para vergüenza y destrucción (Ro 9:19-23).

¿Qué es lo que determina que una persona sea un instrumento honorable? La respuesta, según Pablo, es "la limpieza" o "la purificación espiritual" constante (2:21; cf. 22). Esto implica deshacerse de todos los vicios y comportamientos negativos que Pablo ha criticado, pero, también, implica incorporar todas las virtudes y conductas que Pablo le ha prescrito a Timoteo. Sólo cuando una persona se haya purgado del "sucio" moral y doctrinal, del que los falsos maestros son causa y modelo, Dios le apartará y consagrará para que sea, realmente, un instrumento honorable para su servicio; es decir, le santificará. Es posible que Pablo esté pensando aquí en "la pureza de corazón", entre otras cosas (cf. 2:22). Además, la persona recibirá de parte de Dios la capacidad para ser útil y hacer todo lo que es bueno. Pablo desea que Timoteo sea limpio y apto para la tarea que le aguarda.

4. Vencer los desafíos propios de la juventud (2:22-24)

En una lista de consejos que tratan con el liderazgo de Timoteo, no podría faltar una palabra de exhortación sobre los desafíos propios de su juventud. Se estima que Timoteo era todavía joven cuando recibió esta epístola—quizá entre treinta y treinta y cinco años de edad. En su primera carta, Pablo le había animado a que nadie menospreciara su juventud, diciéndole que debía ser ejemplo (1 Ti 4:12), pero ahora le advierte en contra de dos desafíos muy particulares: "los deseos pasionales de la carne" y "los pleitos" que vienen del enojo. Para aplacar o contrarrestar los placeres de la juventud, Timoteo debe "huir" de ellos continuamente (2:22a). Para tal fin, este joven pastor necesita esmerarse por cultivar, junto a otros cristianos de puro corazón (cf. 2:21), cuatro virtudes: la rectitud moral, la confianza en Dios expresada en la fidelidad, el amor (a Dios y al prójimo) y la tranquilidad y armonía fraternales (2:22b). No es suficiente con escapar de lo malo; hay que acercarse a lo bueno también. Según Pablo, ésta es una de las mejores estrategias para evitar caer en la tentación (Ro 12:21). En 1 Timoteo 6:11, Pablo habló de las tres primeras virtudes que se mencionan en 2:22, pero cree conveniente recordárselas de nuevo a su discípulo. Si las pone en práctica, han de ayudarle a crear un clima favorable en sus relaciones con Dios y con sus semejantes. Su lucha contra los adversarios no puede excluir o reemplazar el bienestar de las iglesias y su función como líder. A la par de todo esto, Timoteo no debe participar en disputas necias y sin sentido, ya que estas resultan en pleitos mayores que afectan la salud de las iglesias. Ya Pablo le advirtió en contra de esta conducta (2:14, 16; cf. 4:7). Quien sirve a Dios como líder (cf. Tito 1:1), antes que ser peleón, debe, más bien, ser amable o gentil, competente para instruir (1 Ti 3:2) y soportar el mal sin guardar resentimiento (cf. 1 Ti 6:11). Según 2:25-26, esta conducta debe reflejarse, particularmente, en el tratamiento de los falsos maestros. Todas estas recomendaciones se aplican a cualquier líder cristiano, como ya Pablo señaló (1 Ti 3:2-3).

5. Tratar a los adversarios con sabiduría (2:25-26)

Ejercitar todas estas virtudes en un contexto de absoluto acuerdo y armonía no muestran el verdadero valor, relevancia, alcance y poder que tales virtudes podrían tener (2:22b, 24b). La exhortación a huir de todos los vicios morales, sin una situación que tiente a los creyentes a hacer lo malo, sería una exhortación irrelevante (2:22a, 23, 24). Es en situaciones difíciles cuando los consejos paulinos se pueden poner en práctica y el líder puede forjar su carácter y crecer como tal. En los v. 25-26, el apóstol provee a Timoteo de una de esas situaciones. Pablo considera que a "los rebeldes" (lit. "quienes se oponen"), es decir, algunos de entre los falsos maestros, hay que darles una oportunidad para que rectifiquen sus vidas y no sigan antagonizando. Sin embargo, hay que recordar que no todos son enmendables (3:1-9). El apóstol recomienda que a los adversarios se les maneje con amabilidad o gentileza. La ira, la rudeza y el lenguaje ofensivo violentan este principio pastoral. Parafraseando al apóstol, es responsabilidad del líder, partiendo de convicciones firmes y con sensible corazón, tratar a este tipo de personas "con puño de hierro" y "con guante de seda" (cf. Tito 1:9, 13). La esperanza es que Dios opere en ellos un cambio de corazón, pensamiento y conducta (lit. "cambio de mente"), que les lleve, con el tiempo, a conocer la verdad del evangelio. Sólo de esta manera podrán volver a sus juicios cabales (lit. "regresar a la sobriedad") y ser liberados de las trampas en las que el Diablo (lit. "El Mentiroso") los tiene oprimidos y manipula a su antojo. Los falsos maestros son esclavos y prisioneros de las fuerzas del mal (cf. 1 Ti 3:7), y solamente Dios tiene la autoridad y el poder para liberarlos; pero no va a hacerlo sin cooperación humana. Timoteo debe ser un agente activo en este proceso de liberación. Aunque hay situaciones en la vida en las que el contacto con "las voces disidentes" podría hacer más mal que bien a la iglesia y, por causa de ello, sería mejor mantenerse alejado de ellos, marginar a ultranza a quienes están en desacuerdo con algunos aspectos tocantes a la esencia del evangelio, sin intentar un acercamiento, cerraría toda posibilidad de restitución. Esto contradiría la doctrina de la gracia. Quien tiene un punto de vista distinto a la sana doctrina o está coqueteando con las falsas doctrinas no está totalmente perdido. Por consiguiente, hay que agotar un proceso cuya meta es la restauración.

V. Advertencia contra los falsos maestros (2 Timoteo 3:1-9)

Pablo parece hacer una distinción entre "los rebeldes", o "adversarios", es decir, las personas que, aunque erradas, pueden enmendarse, y aquellas que, debido a su condición moral y espiritual, son un caso perdido y peligroso. En esta nueva sección, el apóstol dibuja un cuadro bastante negativo de estos últimos (3:1-5a, 6-9) y, por razón de quienes son, le advierte a Timoteo que no tenga nada que ver con ellos (3:5b). La pregunta es: ¿por qué razón? Pues bien, el perfil negativo que Pablo dibuja de los falsos maestros en este pasaje es razón suficiente para que Timoteo se aleje de ellos y proteja a las iglesias de la latente mala influencia. Pablo, ya listo para dejar este mundo, está preocupado por el futuro de Timoteo y de la iglesia. Teme que la iglesia por la que tanto se sacrificó se venga abajo. Como estrategia para prevenir este desenlace, Pablo se vale de un recurso estilístico muy común utilizado entre los filósofos de la época, es decir, desacreditar radicalmente a sus adversarios y la matriz social de la que han salido. En último análisis, el perfil es alarmista y estereotípico. No se dice nada bueno sobre estas personas ni se ventilan, siquiera, excepciones a la regla.

En el presente texto, Pablo divide su ataque a los falsos maestros en dos partes y desde dos ángulos complementarios. En la primera parte (3:1-5), presenta una larga lista de vicios morales que se aplican a muchas personas y que han de caracterizar el comienzo de "los últimos días". En la segunda (3:6-9), pinta un cuadro más específico que se aplica, más directamente, a los falsos maestros.

1. La sociedad corrupta que se avecina y que ya está presente (3:1-5)

Tanto 3:1-5 como 3:8-9 están enmarcados dentro de una etapa específica de la historia en la que la inmoralidad de los pueblos habría de ir de mal en peor, y cuyas señales los cristianos debían discernir (cf. 3:13). Pablo llama a esta etapa "los últimos días" y prepara a Timoteo para que la reconozca y evite ser influenciado por el mal que ha de caracterizarla (3:1). Éste será un tiempo muy peligroso o difícil de soportar, pues la sociedad estará muy corrompida moralmente (3:1a). Esta expresión viene del Antiguo Testamento (Is 2:2; Miq 4:1), pero aquí Pablo la usa para hablar del presente que viven él, Timoteo y las iglesias, como final de la época que precede a la segunda venida de Cristo (cf. 2

P 3:3; Jud 18), en donde el mal se intensificará. No es una referencia al inicio de la era mesiánica como tal (Hch 2:17; Jl 2:28).

Tras esta palabra de advertencia y para demostrar que será cuesta arriba vivir en esta sociedad corrupta (3:1) que se avecina, y de la que ya existen vestigios en el presente, Pablo enumera muchos de los vicios que definirán el estilo de vida de estas personas en torno a Dios y a los demás (3:2-5; cf. 1 Ti 1:8-10). En su egoísmo y deseo de tener más, la gente será amante de sí misma y del dinero (cf. Lc 16:14; 1 Ti 6:10); la devoción a Dios y el afecto profundo por el prójimo brillarán por su ausencia. La arrogancia o el orgullo reinarán, pues muchos estimarán sólo sus propios méritos y, colocándose por encima de los demás, menospreciarán a quienes no son como ellos (cf. Ro 1:30). Pecarán de palabra al ofender o hablar pestes de otras personas, y no se someterán a la autoridad de sus padres, violando así uno de los diez mandamientos. Careciendo de un espíritu agradecido (cf. Lc 6:35), en su impiedad tampoco tendrán comunión con Dios, prefiriendo un estilo de vida "secular" (3:2; cf. 1 Ti 1:9). Pero esto no es todo. Por su falta de sensibilidad o afecto por la familia (cf. Ro 1:31), estas personas serán incapaces de perdonar; la reconciliación para ellos no será posible. También serán incapaces de decir la verdad y carecerán de la fuerza para controlar sus deseos. Por lo tanto, no es de extrañar que se comporten como bestias salvajes y no puedan hacer lo bueno (3:3). Como Judas Iscariote, muchos traicionarán la confianza puesta en ellos (Lc 6:16), se dejarán llevar por sus instintos viscerales (lit. "inclinados hacia adelante" por tanto, serán "impetuosos", cf. Hch 19:36), vanidosos (cf. 1 Ti 3:6; 6:4) y, contradictoriamente, más amantes del placer que del mismo Dios (3:4). Por encima de todas las cosas, serán personas con una fe sólo de nombre. Su conducta desmentirá la fuerza que la piedad tiene para cambiar la vida. Serán, sencillamente, "actores religiosos" (3:5; cf. 1 Ti 2:2). Sin duda, Timoteo tiene que evitar el contacto con tal gente.

2. Perfil negativo de los falsos maestros (3:6-9)

La segunda parte de 3:1-9 ataca, más directamente, a los falsos maestros, los cuales son representantes de esta sociedad corrupta que el apóstol ha criticado a puerta abierta en la primera parte (3:1-5). Para Pablo, tanto la forma de pensar como la conducta diaria de los

Segunda a Timoteo

falsos predicadores son depravadas (3:6-7, cf. 8b). Como evidencia, Pablo afirma que —como algo contrario a los valores de la sociedad patriarcal que exigen que las mujeres jueguen un papel exclusivamente doméstico— hay predicadores itinerantes que, metiéndose en los hogares de forma muy sutil, manipulan a las mujeres y las sacan de sus hogares para que no cumplan con sus funciones. Ahora bien, no es sólo que estos maestros tengan la capacidad de engañar y controlar. Según el apóstol, la condición de las mujeres se presta, también, para que sean fácil presa de las artimañas de los falsos maestros. Esto es una mala combinación. Ellas son "mujeres tontas o pequeñas", es decir, susceptibles al engaño, están llenas de pasiones y carecen del conocimiento de la verdad para resistir los embates de estos maestros. Si todo esto es cierto, ¿cómo, entonces, no entender y aceptar, en cierta medida, la postura tan dura que Pablo adopta para con las mujeres al no permitirles enseñar ni ejercer autoridad sobre el hombre? (1 Ti 2:9-15; Tit 2:5; cf. 1 Co 11:5; 14:34-35; Ef 5:22; Col 3:18; 1 P 3:1). Comoquiera, cabe notar que el lenguaje que Pablo utiliza para referirse a las mujeres y la evaluación de la situación deja mucho que desear y revela los prejuicios machistas propios de esa sociedad.

El modo de vida de estos maestros corruptos no es ni el primero ni único en su especie. Existen antecedentes históricos en la Escritura con los cuales se les puede comparar. Van en contra de la verdad de Dios del mismo modo que Janés y Jambres y, debido a su corrupción espiritual, no llegarán muy lejos (3:8-9). Los falsos maestros siguen el mal ejemplo dado por estos dos magos que servían al faraón Ramsés III, y contra quienes Moisés y Aarón compitieron en su lucha para que el faraón dejara ir libres a los israelitas, de modo que pudieran adorar a Jehová (Ex 7:11, 22). La tradición judaica posterior los recuerda como Janés (lit. "el rebelde" o "el que se opone") y Jambres, y Pablo se vale de esta tradición para denigrar a los falsos maestros (3:8b). Por si fuera poco, estos predicadores también poseen mentes pervertidas y reprobadas en su totalidad; y su condición empeorará (3:13). En vista de ello, no se puede confiar en los falsos maestros para que anuncien la verdad de la fe. Pero a la postre, como predice el apóstol, todo el mundo, en el momento preciso, se dará cuenta de la insensatez que los ha caracterizado, tal y como sucedió con Janés y Jambres (3:9). Timoteo, por el contrario, debe actuar como líder aprobado (2:15).

VI. El ejemplo de Pablo y el deber de Timoteo (2 Timoteo 3:10-17)

La caricatura de los falsos maestros, que Pablo ha dibujado, y el mundo corrupto del que han emergido (3:1-9) tienen una contraparte positiva cuya ilustración más elocuente es la propia vida y el ministerio de Pablo. Timoteo sabe quién ha sido su mentor espiritual y cómo se ha comportado (3:10-13). Sobre este ejemplo, el apóstol fundamenta su exhortación para que Timoteo continúe poniendo en práctica lo que ha aprendido de su maestro, pero también de Loida y Eunice y de las Escrituras del Antiguo Testamento (3:14-17). Este pasaje es un medio a través del cual Pablo, de nuevo, ejerce su influencia sobre Timoteo y fortalece la relación que los une.

1. Timoteo conoce del ministerio ejemplar de Pablo (3:10-13)

La fe y el ministerio de Pablo han sido inmaculados; no obstante, no se puede decir lo mismo sobre los falsos maestros. Timoteo es testigo de ello y, dirigiéndose directa y enfáticamente a él, Pablo lo hace público: "Tú, en cambio, conoces..." (3:10a). Al subrayar algunos de sus logros personales con los cuales su pupilo está familiarizado y que lo hacen digno de confianza, el apóstol busca animar a su alumno a seguir adelante. Este pasaje, entonces, coloca el fundamento para el consejo pastoral de 3:14-17. Por cuanto el apóstol ha sido su paradigma, Timoteo ha seguido muy de cerca el contenido de sus enseñanzas y la manera como Pablo se ha conducido (3:10b; cf. 1 Ti 4:6). Especialmente, sabe lo que le sucedió en Antioquía, Iconio y Listra. Timoteo sabe que las intenciones de Pablo y lo que ha querido lograr en su ministerio han estado a tono con la voluntad divina. Conoce, además, de su fe en Cristo y fidelidad a él, su capacidad para soportar las pruebas, su entrañable afecto (hacia Dios y hacia los hermanos en la fe) y la fuerza que le ha movido a seguir hacia adelante en medio de circunstancias adversas (3:10c). Muy especialmente, Timoteo ha estado al tanto de las persecuciones y aflicciones de las que su maestro ha sido blanco (3:11a). La estrategia retórica del apóstol es contundente y aleccionadora: se obtienen mejores resultados de un discípulo cuando se le alaba y anima a imitar el ejemplo personal. Ésta es una de las facetas que definen al buen maestro.

Segunda a Timoteo

Lo que pasó con Pablo en la provincia romana de Galacia durante su primer viaje misionero es un claro ejemplo de lo que él ha tenido que soportar por causa del evangelio (3:11b; cf. Hch 13:1-14:28). En contextos como éste muchas de esas virtudes que Timoteo conoce salieron a relucir y se fortalecieron (cf. 3:10-11a). En la región que hoy conocemos como Turquía, el apóstol tuvo mucha oposición. En Antioquía de Pisidia, por ejemplo, Pablo y Bernabé fueron expulsados de la ciudad (Hch 13:50). En Iconio, algunos judíos agitaron a la multitud y planearon maltratar a Pablo y a Bernabé. Y en Listra, el apóstol fue apedreado y sus victimarios lo dejaron casi muerto (Hch 14:2, 5, 19). Por fortuna, Dios lo salvó de todas esas situaciones difíciles (3:11c) y Pablo vivió para contar la historia. Su experiencia, sin embargo, no está aislada de la de otros ministros cristianos dispuestos a servir a Dios y a pagar un alto precio por su fe. Así pues, quienes quieran vivir conforme a la piedad y en unión íntima con Cristo sufrirán persecución, afirma el apóstol (3:12). No así con los malvados y los impostores, es decir, los falsos maestros. La vida de ellos, con el paso del tiempo, más bien se deteriorará moralmente. No sólo serán fácil presa de la mentira, sino que también se valdrán de sus mentiras para engañar a otras personas (3:13; cf. 1 Ti 2:14). Al fin y al cabo, la seducción es parte de su diario vivir (3:3, 6-9).

2. Pablo exhorta a su discípulo a continuar firme en la fe (3:14-17)

A pesar de que las vidas de estos malvados e impostores irán de mal en peor (3:13), Pablo confía en que Timoteo tiene las bases sólidas para no incurrir en el mismo error de los apóstatas, y que lo único que necesita es compartir una palabra de estímulo con su hijo espiritual para que su fe siga siendo robusta y fiel al legado religioso que recibió. Timoteo ya está convencido de la verdad; lo que necesita es un empujón: "Tú, en cambio, sigue firme en lo que has aprendido, de lo cual te convenciste" (3:14a-b). La confianza del apóstol y su empeño en reafirmar la fe de Timoteo tienen su justificación. Primero, Timoteo debe seguir firme porque conoce muy bien a las personas de quienes ha recibido los principios de la fe cristiana y sabe que son dignas de confianza. La vida ejemplar de ellos es el mejor aval e inspiración: "porque ya sabes de quiénes lo aprendiste" (3:14c). Esto incluye a Pablo, pero también a Loida y a Eunice (1:5), hecho que valida, relativamente, el papel de las mujeres a pesar de la ideología machista. Según parece, en la formación de discípulos y el desarrollo del liderazgo, la calidad del mensaje tiene tanto valor como la calidad del mensajero. Segundo, cumpliendo con las normas de la cultura judía sobre el papel de las mujeres en la educación de sus hijos, la abuela y la madre de Timoteo le enseñaron las Sagradas Escrituras Hebreas (es decir, el Antiguo Testamento) desde que era un niño, y es este conocimiento, precisamente, lo que puede salvar a Timoteo (3:15). En otras palabras, ellas llevan hacia Cristo e inspiran la fe en él; son fuente de sabiduría. No se debe minimizar o ignorar el poder del Antiguo Testamento para liberar y transformar. Sin duda, la confianza de Pablo en que Timoteo se mantendrá firme tiene asidero en todos estos precedentes.

Las Escrituras del Antiguo Testamento son tan significativas en el desarrollo de la fe y el servicio cristianos que Pablo se detiene un poco para recordarle a Timoteo la naturaleza y la función de las mismas (3:16-17). De hecho, la exhortación que Pablo le hace a Timoteo en el pasaje siguiente, tiene mucho que ver con esta definición y es consistente con ella (cf. 4:1-5). Estas Escrituras pueden llevar hacia Cristo y proveer salvación, entre otras cosas, porque Dios "ha inspirado" (lit. "soplado") todo lo que en ellas encontramos y, por lo tanto, tienen el poder para cumplir con varias funciones. Por eso, son "Sagradas". Aunque Pablo no explica en qué sentido las Escrituras son inspiradas ni detalla el proceso histórico que lleva a dar esta realidad por sentado, para el apóstol, las Escrituras son inspiradas porque tienen autoridad, y tienen autoridad porque son inspiradas. La premisa que nutre este dogma de fe es su origen divino (cf. 2 P 1:21). Por cuanto Dios ha soplado su aliento para guiar a los autores de las Escrituras, éstas, obviamente, tienen que ser de suma utilidad en la vida cristiana. Pablo identifica, por lo menos, cuatro funciones. Usadas correctamente, las Escrituras son útiles para enseñar en la fe en su sentido más amplio (como bien se demuestra en el uso que Loida y Eunice les dieron), para reprender o rebatir a los adversarios (sobre todo las ideas de los falsos maestros), para restaurar a una posición correcta (particularmente a los apóstatas) y para instruir a los discípulos en asuntos de justicia y rectitud moral. Gracias a ellas, "el hombre de Dios" (cf. 1 Ti 6:11) puede obtener todo lo necesario para hacer lo bueno (cf. 1 Ti 2:10). La espiritualidad y la moral cristianas se nutren de las Escrituras, y éstas son cruciales en la capacitación del liderazgo para que éste sea exitoso.

VII. El ministerio de proclamación de Timoteo (2 Timoteo 4:1-8)

Las últimas palabras de Pablo a Timoteo son una invitación a concentrar todo su tiempo y energía en la comunicación del mensaje de Dios (4:1-2). Dos circunstancias particulares hacen de esto una prioridad en el ministerio de este joven pastor. Primero, los falsos maestros continuarán ejerciendo su influencia negativa sobre las demás personas, contribuyendo así con la apostasía (4:3-5). Timoteo puede ayudar a prevenir y corregir esta situación. Segundo, Pablo está punto de partir de este mundo, y al reflexionar sobre ello concluye que su ministerio ha sido exitoso y tiene la esperanza de que éste pueda servir de incentivo para que Timoteo cumpla con el suyo también (4:6-8).

1. El mandato a proclamar la Palabra en todo momento (4:1-5)
Pablo cree en el poder de la Palabra de Dios y está convencido de que la efectividad del ministerio de Timoteo depende sustancialmente de ella. El pasaje anterior lo afirma (3:16-17) y el presente texto busca llevarlo a la práctica. La orden paulina para Timoteo es proclamar, no sus propias opiniones o las creencias de otras personas, sino el mensaje divino en el momento presente (4:2a). Este mensaje proviene de las Sagradas Escrituras hebreas. El encargo de cumplir con la función de heraldo de Dios es solemne, oficial y autoritativo. Tiene el peso de una orden final, que no da lugar a cuestionamientos o quejas. Varios elementos contribuyen a ello (4:1). Primero, Dios y Cristo Jesús son "testigos" de tal encargo. El imperativo a predicar se hace "en presencia" de ellos y hace a Timoteo consciente de su responsabilidad ante terceros. Segundo, al final de la historia, Cristo juzgará a todos los seres humanos, vivos y muertos. Por lo tanto, Timoteo debe actuar pensando que sus obras, buenas o malas, han de ser juzgadas algún día. Tercero, Cristo ha de regresar, por segunda vez, para establecer el reino de Dios, del que Timoteo y otros creyentes serán parte. Esta esperanza futura es motivo suficiente para que Timoteo predique en el entretanto y que lo haga con responsabilidad y fidelidad (cf. 1:10; Tit 2:13).

Para orientar mejor a su discípulo acerca de la labor didáctica que le queda por delante, el apóstol le provee de algunas directrices más específicas (4:2). En primer lugar, Timoteo debe estar listo para proclamar la Palabra a toda hora, cuando sea el tiempo apropiado y aun cuando no lo sea. Es como estar "de guardia" las veinticuatro horas del día y a la espera de cualquier emergencia. Segundo, al proclamar la Palabra, Timoteo debe cumplir con tres funciones bien específicas y relevantes para el contexto en donde ministra. Por causa de la mala influencia que los falsos maestros han tenido en cuanto a asuntos doctrinales y morales, Timoteo siempre debe estar listo y capacitado para corregir (lit. "reprobar" o "censurar") y amonestar con severidad (lit. "censurar") a quienes contradigan a la sana doctrina y vivan inmoralmente. La idea no es sólo hacerles cambiar de opinión o hacerles conscientes del contenido de la verdad, sino hacerlos volver al camino verdadero, siempre que esto sea posible (cf. 2:25-26; 3:1-9). Además de estas dos funciones, Timoteo también necesita dar una palabra de aliento o consuelo a quienes estén desanimados o se sientan débiles en la fe. Debido a su fuente divina y a la diversidad de sus usos, las Escrituras se prestan para cumplir con todas estas funciones y más (cf. 3:16-17). Finalmente, este ministerio de corrección, amonestación e incentivación fraternal llevaría a tierra de nadie, a menos que Timoteo agregue a su trabajo una dosis extra de "paciencia" y "cuidadosa enseñanza". En la ejecución de estas funciones, hay "contenido doctrinal" para comunicar y aprender, pero éste debe ser seleccionado, específicamente, para tal fin; en otras palabras, debe ser relevante a la situación de quienes han de ser beneficiarios de la predicación de la Palabra, sean los falsos maestros, los apóstatas o los miembros de las iglesias. Además, debido a lo exigente de la tarea que Timoteo debe realizar, se necesita de mucha fuerza de voluntad para seguir hacia adelante.

Para Pablo, la apostasía es una realidad que ya ha hecho sus estragos en las iglesias pero que, lamentablemente, las afectará aún más en el futuro inmediato. Como ya lo apuntó, en "los últimos días" la sociedad empeorará (3:1-5), por lo que hay que actuar con urgencia para contrarrestar sus efectos y rescatar a unos cuantos de la perdición que se avecina. Hasta tal punto llegará la degradación moral y religiosa que la predicación de la Palabra será inefectiva, predice el apóstol. Esto explica la fuerza, la intencionalidad, la especificidad y la insistencia

Segunda a Timoteo

del encargo a Timoteo de que predique la Palabra (4:1-2, 5). Timoteo, entonces, debe aprovechar la oportunidad para que la sana doctrina pueda caer en tierra fértil. En algún momento futuro que Pablo no identifica, las personas, llevadas por sus propios deseos carnales (cf. 3:4, 6), no podrán escuchar y aceptar las enseñanzas de la sana doctrina (cf. 1 Ti 1:10; Tit 1:9; 2:1). Es decir, su condición espiritual llegará hasta el extremo en que estarán cerradas herméticamente a la verdad. Como consecuencia de ello, serán más susceptibles al engaño y, en su necesidad de aprender o conocer, buscarán maestros que les enseñen lo que quieren oír. Asimismo, rehusando escuchar o incapaces de aceptar la verdad, se volverán a las historias fantasiosas (cf. 1 Ti 1:4; 4:7). La idea en el texto griego es que los oídos de estas personas les picarán tanto, que buscarán a predicadores que les puedan aliviar la picazón por medio de mitos (1 Ti 1:4; 4:7). Cuando hay necesidad, hasta lo malo es atractivo y bueno.

Estando a las puertas de tal desafío (4:3-4), Timoteo no tiene tiempo que perder, por lo que Pablo reitera su encargo de que su aconsejado se dedique al ministerio de proclamación, pero, esta vez, añadiendo algunas funciones que lo complementan y que, en cierto sentido, resumen buena parte de los consejos de Pablo en esta segunda epístola (4:5). Timoteo debe, primeramente, tener la cabeza bien puesta a la hora de actuar en todo tipo de situación (lit. "abstenerse de vino" y, por lo tanto, "estar sobrio") (cf. 1 Ts 5:6, 8; 1 P 1:13; 4:7; 5:8); es decir, debe estar alerta y en control de sus acciones, especialmente, ante los peligros contra los cuales Pablo le ha advertido en 4:3-4. Segundo, Timoteo debe estar dispuesto y disponible para soportar pacientemente las aflicciones. Éstas son parte del ministerio cristiano, como ya el apóstol apuntó (1:8-12; 2:3, 8-13; 3:10-12). Tercero, Timoteo tiene como obligación predicar las Buenas Nuevas de Cristo, lo cual hace suponer que ésta no es una función exclusiva de los evangelistas (cf. Hch 21:8; Ef 4:11). Como toque final, se espera que Timoteo lleve su ministerio a feliz término y con fidelidad. Este consejo final resume las responsabilidades de Timoteo, dadas aquí y en el resto de la carta, y sirve, a su vez, como punto de transición para que Pablo hable de su propio ministerio en 4:6-8.

2. Pablo ha cumplido con su ministerio (4:6-8)

Pablo tiene la autoridad moral para decirle a su discípulo qué hacer en su ministerio porque el apóstol ha puesto en práctica sus propios consejos. No es mera retórica, pues habla a partir de la experiencia y ésta es su mejor arma para motivar a Timoteo a la acción. Los días del apóstol están contados. Después de interpretar las señales de los tiempos y las circunstancias en que se encuentra, Pablo ha concluido que ya está a punto de morir y la partida para estar con el Señor está muy cerca. Para comunicar este sentir, sea fruto de la intuición o de una inspiración profética, Pablo utiliza una imagen propia del culto hebreo y se la aplica a sí mismo: "En cuanto a mí, ya estoy a punto de ser derramado como un sacrificio de libación, y ha llegado el tiempo de mi partida" (4:6). Por medio de esta analogía, el apóstol quiere decir que su vida ya está siendo derramada sobre el altar de Dios (como una ofrenda de amor, adoración y servicio) de la misma manera en que la bebida sagrada se derramaba sobre el cordero sacrificial, justo antes de ser quemado en el altar, en el templo de Jerusalén (cf. Nm 28:7, 24; Filp 2:17). Lo que Pablo afirmó en Filipenses 2:17 como una posibilidad lejana cuando estuvo preso en Roma la primera vez, ya que estaba convencido que habría de ser liberado y podría ir a Filipo (Filp 2:24), es ahora, un hecho irreversible. La teología contenida en ambos pasajes es, además, consecuente con la idea de que el creyente debe presentar su cuerpo como un sacrificio vivo y agradable a Dios, como culto racional (cf. Ro 21:1-2). Sin querer pecar de romántico o idealista, cuando se ha vivido para servir y adorar a Dios, la muerte es, simplemente, la ofrenda final de una fructífera jornada de la que hay que estar orgulloso. A la afirmación de 4:6, debemos, también, añadir que Pablo es ya anciano y está en la cárcel, posiblemente, en Roma y por segunda vez.

Si Pablo nos muestra confianza al predecir su pronto encuentro con Cristo más allá de esta vida, más confianza nos revela al evaluar su trayectoria de fe y ministerio terrenal. Pablo está plenamente satisfecho de lo que ha podido realizar. No abriga resquemores ni desilusiones (4:7). Y al considerar que la vida cristiana es como una carrera olímpica (una especie de maratón más que una guerra en el sentido militar) en la que hay que batallar muy duro para llegar a la meta y hacerlo de acuerdo a las reglas de la fe, Pablo concluye, con toda confianza, que él ha competido bien en la competencia de la vida (lit "agonizar la buena agonía"), ha cruzado la línea de llegada y se ha mantenido fiel a Cristo durante toda la competencia (cf. Lc 13:24; 1 Co 9:25; Col 1:29; 4:12; 1 Ti 1:18; 4:10; 6:12). Siguiendo esta línea de pensamiento, lo único que le espera a Pablo es el acto de premiación, en el que Cristo (el justo juez de la carrera de la vida terrenal) le dará "la corona de laureles de justicia" en su segunda venida (cf. 1 Co 9:25). Ésta es la promesa, no sólo para Pablo, sino para todo creyente que haya esperado ansiosamente "la aparición" de Cristo (4:8). Así como Pablo llevó a feliz término su servicio a Cristo y la iglesia, se espera que Timoteo cumpla con el suyo para que también sea premiado (4:5).

VIII. Oposición humana y apoyo divino en el ministerio de Pablo (2 Timoteo 4:9-18)

El último encargo pastoral de 4:1-8 es seguido por una sección en la que Pablo hace algunos comentarios más de índole personal y práctica, pero que, a la vez, ilustran cuánto ha sufrido por el evangelio. Notamos dos ideas centrales: el deseo que Pablo tiene de ver de nuevo a Timoteo, sobre todo porque está solo (4:9-15), y la confianza que el apóstol tiene del cuidado divino, a pesar de que muchos compañeros en el ministerio lo han abandonado (4:16-18).

1. El apóstol reitera su deseo de ver a Timoteo y habla sobre algunas deserciones (4:9-15)

Instruir a su discípulo, Timoteo, por medio de esta epístola es sólo uno de los propósitos de la misma, pues Pablo ya ha manifestado su deseo de reencontrase con su alumno (1:4). Ahora, este deseo es más directo, enfático y hasta práctico; luego el apóstol sugerirá que sea antes del invierno (cf. 4:21). La situación en que Pablo se encuentra apremia, por lo que le pide a Timoteo que vaya a verlo a Roma cuanto antes (4:9). Aunque el motivo de esta petición no resulta del todo claro, es posible que Pablo quiera ver de nuevo a Timoteo por varias razones. Primero, la relación entre ellos es muy estrecha. Pablo aprecia el liderazgo y la amistad de Timoteo. Quizá quiere verlo de nuevo para reiterar algunas de las instrucciones dadas en sus dos cartas. Segundo, Pablo está solo y necesita el apoyo de Timoteo y quizá de Marcos también. Demas se ha ido a la ciudad de Tesalónica (en el sureste de Grecia) por la razón equivocada: "por amor a este mundo". Otros consiervos en el ministerio, la mayoría de ellos conocidos en el Nuevo Testamento, se han ido para servir en otras regiones (Ef 6:21; Col 4:7, 10, 14; Flm 24; Tit 3:12). Por motivos que Pablo no explica, Crescente se fue a Galacia (provincia romana en Asia Menor o Turquía), Tito a Dalmacia (zona noroccidental de Grecia, frente al Mar Adriático) y Tíquico está en Éfeso (en el suroeste de Asia Menor). Es posible que en este grupo pudieran incluirse Erasto y Trófimo, a quienes Pablo menciona luego (4:20). Sólo Lucas se ha quedado para acompañar a Pablo y trabajar con él. Aunque no sabemos lo que hizo, Alejandro, el herrero o trabajador de metales, le ha causado mucho daño y trágicamente se opuso al mensaje del evangelio (cf. Hch 19:33; 1 Ti 1:20). Tan grave ha sido su pecado que, casi a manera de oración imprecatoria, Pablo le pide a Dios, quien es juez justo (cf. 4:8), que le dé su merecido. Por alguna razón no pide misericordia, como en el caso de quienes le abandonaron durante su primera defensa legal en Roma (4:16b). Además, Timoteo debe tener mucho cuidado de esa persona (4:15). Dada la reacción del apóstol, algunos eruditos especulan que Alejandro quizá fue culpable del arresto y el encarcelamiento de Pablo, y al no defenderlo terminó, curiosamente, deshonrando lo que su nombre significa en griego: "defensor" o "quien ayuda a los hombres". Sin lugar a dudas, Demas y Alejandro se añaden a la lista de falsos maestros o apóstatas, tales como Figelo y Hermógenes (1:15), e Himeneo y Fileto (2:17-18), contra los cuales el apóstol se ha pronunciado en esta carta. Aparentemente, éstos son sólo una muestra de muchas deserciones más (cf. 4:16). Tercero, Pablo quiere, también, que Timoteo le lleve el capote que dejó olvidado en Troas, en casa de Carpo, y varios de sus pergaminos (4:13). Es posible que estos últimos hayan sido copias de cartas o libros de importancia. Este detalle nos presentaría a un Pablo interesado en la lectura y el estudio.

2. *La compañía y el cuidado de Dios en medio de las aflicciones (4:16-18)*

Pero hay más que decir sobre el tema de las deserciones y las desilusiones personales. En su primera audiencia legal o apología en Roma, Pablo estuvo solo (cf. Hch 23:1-11). No tuvo respaldo, puesto que todos lo abandonaron (4:16a). No mostraron solidaridad para con

Segunda a Timoteo

él en ese momento difícil. Ahora, cuando escribe esta segunda epístola, Pablo, posiblemente, se encuentra en la segunda etapa de su juicio en esa ciudad. Sin embargo, Pablo, aunque no olvida lo vivido y se vale de esta experiencia para educar a Timoteo al respecto, afortunadamente, no guarda rencor. El apóstol los ha perdonado y, en vez de exigir justicia, pide, más bien, que Dios no les tome en cuenta lo que han hecho (4:16b).

Paradójicamente, Pablo no estuvo realmente solo durante su primera defensa (4:17-18). Aunque sus amigos le traicionaron, Dios estuvo a su lado, y le dio el valor y la energía para que pudiera anunciar las Buenas Noticias a los no judíos, tras haberlo bendecido con la liberación de "las garras del león" (4:17). Si la referencia en este pasaje es a su primera defensa en Roma (y no al primer encarcelamiento en esa ciudad del que se habla en Hch 28:17-31), el apóstol estaría diciendo que fue puesto en libertad por intervención divina (es decir, rescatado del poder de Nerón) para predicar el evangelio entre los no judíos—lo cual incluiría a Nerón, los cortesanos, oficiales romanos y otras personas. La ley romana también proveía de una especie de "libertad condicional", de hasta dos años, antes que se le diera curso a la segunda audiencia. En el momento en que se escribe la segunda epístola a Timoteo, se cree que ya este período expiró y que el apóstol, ya en la cárcel, está a punto de tener su segunda audiencia, la cual le llevaría a la muerte. La tradición cristiana afirma que Nerón fue responsable de la ejecución de Pablo en el 67-68 d. C.

La fidelidad de Dios a Pablo en esta primera audiencia sirve de base histórica para que Pablo tenga aún mayor confianza en la presencia y guía divinas. Así, sin permitir que el estar entre rejas le intimide, el apóstol le asegura a su pupilo espiritual que Dios lo librará de los ataques del mal (o hasta del mismo Maligno) y que lo llevará, sano y salvo, a su reino celestial al final de sus días (4:18a). Una corona de laureles le espera allí (4:8). La conexión entre el Padrenuestro o "la oración del discípulo" y la actitud de Pablo sobre el mal es notable (cf. Mt 6:13). No es que el apóstol crea que va a ser librado de la prisión o de la muerte, como algunos suponen. Lo que aquí brilla es la convicción de que el cuidado divino transciende a la misma muerte física. Es sobre la base de esta esperanza inconmovible, que Pablo termina dándole la gloria eterna a su Dios (4:18b).

IX. Conclusión (2 Timoteo 4:19-22)

Pablo termina su segunda carta a Timoteo con algunos comentarios de último momento (4:19-21) y una breve despedida pastoral (4:22), a lo cual nos tiene acostumbrados.

1. Asuntos finales (4:19-21)

Pablo comienza esta sección dando saludos a dos familias creyentes y fieles. (4:19) En tiempos bíblicos, esto era más que una formalidad epistolar o hábito cultural. Era una forma de honrar a alguien públicamente, sobre todo cuando se incluían comentarios positivos sobre la persona a la que se saludaba, fuera por medio de una carta o de un mensajero. Además, el saludo reforzaba las relaciones fraternales entre quien lo enviaba y el destinatario. Debemos interpretar los saludos de Pablo aquí, a la luz de este trasfondo. Para comenzar, por intermedio de Timoteo, el apóstol envía saludos a un matrimonio: Prisca (conocida también como Priscila) y Aquila (4:19a). El liderazgo provisto por esta pareja fue valioso en el ministerio de Pablo y en la propagación del evangelio durante los primeros años de la iglesia primitiva. Pablo los conoció cuando llegó a Corinto durante su segundo viaje misionero. Esta pareja no sólo le brindó hospitalidad al apóstol, sino que le dio oportunidad de trabajar juntos, ya que ellos también trabajaban con el cuero (Hch 18:1-3). Tras su estadía en Corinto, Pablo fue a Éfeso y ellos le acompañaron en ese viaje misionero (Hch 18:18-19). En esa ciudad conocieron a Apolos y le instruyeron en la fe (Hch 18:26). Más tarde, desde allí, junto a Pablo, enviaron saludos a los hermanos en Corinto (1 Co 16:19). Luego fueron a Roma, donde Pablo les envía saludos. Pero no sólo esto. También reconoce que Priscila y Aquila arriesgaron la vida por él (Rom 16:3-4). Además de todo esto, cabe destacar que en la mayoría de los pasajes en el Nuevo Testamento en donde se menciona a este matrimonio, el nombre de Priscila aparece primero. Si el orden de palabras es indicativo de honor y poder, es posible que esta mujer haya ejercido un liderazgo más visible y prominente que su propio esposo. Pablo los aprecia mucho y reconoce su gran contribución.

El apóstol también quiere que se le extiendan sus saludos a la familia de Onesíforo (4:19b). Como Pablo mencionó al principio de esta carta, mientras otros le abandonaron y añadieron a su sufrimiento, esta familia fue solidaria con él en momentos de necesidad, particularmente, cuando el apóstol estuvo encarcelado en Roma la primera vez (cf. 1:16-17). Saludarlos significa, de alguna manera, hacer pública su solidaridad, pero, también, reiterar el agradecimiento que Pablo tiene por esta muestra de amor cristiano.

Casi a manera de interrupción tras estos saludos, Pablo añade algunos nombres de líderes cristianos que no están con él y que quizá podrían ser parte de quienes lo abandonaron, pero no necesariamente de quienes apostataron (4:20; cf. 4:9-18). Erasto se quedó en Corinto (sureste de Grecia, en la provincia de Acaya), posiblemente, después de que Pablo fue llevado cautivo a Roma por última vez. No sabemos realmente si esta persona es "el administrador de obras públicas" de Corinto (Ro 16:23) o uno de los ayudantes de Pablo en Éfeso (Hch 19:22). También Trófimo se quedó enfermo en Mileto, al suroeste de Asia Menor. Éste fue uno de los miembros de la delegación que ayudó a llevar el donativo a las iglesias pobres en Jerusalén (Hch 20:4). Pero, curiosamente, Trófimo fue "el motivo" o "la causa" que llevó a los judíos a golpear y arrestar a Pablo porque, supuestamente, había introducido a un griego en el área del templo (Hch 21:29). Luego de estas palabras, Pablo reitera el deseo de ver a Timoteo antes del invierno (4:21a), posiblemente, porque desea verlo antes de partir. Además, debemos recordar que las condiciones climatológicas para viajar durante el invierno no eran muy favorables (cf. Ti 3:12).

A pesar de que muchos lo abandonaron y otros líderes tuvieron que ir a otros lugares, como ya dijo aquí y en 4:9-18, Pablo no estaba totalmente solo (4:21b). Esto lo inferimos del hecho de que otros compañeros de Pablo le envían sus saludos a Timoteo. Estos son Eubulo, Pudente, Lino, Claudia y otros más (4:21a). Es muy posible que Timoteo conociera a muchos de ellos, si acaso no a todos. Es bueno saber que hay personas que se interesan por nuestro bienestar y toman tiempo para reconectarse con nosotros, tal y como lo hicieron estos cristianos con Timoteo. Porque somos una comunidad, no estamos solos ni debemos vivir aislados.

2. Despedida (4:22)

Más que con un saludo, Pablo pone fin a su carta con una petición a Dios. Desea que la gracia de Dios sea con Timoteo y el resto de la iglesia. Esta línea se utiliza mucho en nuestros cultos.

A Tito

Bosquejo

El pensamiento de Pablo plasmado en la carta a Tito sigue un orden lógico representado en la siguiente estructura:

I. Introducción (1:1-4)
    1. Autoría (1:1-3)
    2. Destinatario (1:4a)
    3. Saludo (1:4b)

II. La tarea de Tito al quedarse en Creta (1:5-16)
    1. Poner en orden las comunidades de fe (1:5a)
    2. Seleccionar a líderes idóneos para cada iglesia (1:5b-9)
    3. Combatir a los falsos maestros (1:10-16)

III. El ministerio pedagógico de Tito en las iglesias (2:1-15)
    1. La encomienda de enseñar (2:1)
    2. Grupos a quienes hay que instruir y sus responsabilidades (2:2-10)
        a. Los ancianos (2:2)
        b. Las ancianas (2:3-5)
        c. Los jóvenes (2:6-8)
        d. Los esclavos (2:9-10)
    3. La gracia divina es el fundamento de la santidad cristiana expresada en el cumplimiento de dichas responsabilidades (2:11-14)

          a. La manifestación de la gracia de Dios (2:11)
          b. Lo que la gracia divina nos enseña que debemos hacer (2:12)
          c. La esperanza en el retorno de Cristo (2:13)
          d. El propósito de la redención de Cristo (2:14)
      4. Reiteración del encargo a enseñar (2:15)
IV. Invitación a hacer el bien en la sociedad (3:1-11)
      1. La fe cristiana y las responsabilidades civiles (3:1-2)
          a. Para con el estado (3:1a)
          b. Para con el mundo en general (3:1b-2)
      2. Razones que justifican este comportamiento (3:3-8)
          a. Hacer lo malo es parte de la vida antes de conocer a Cristo (3:3)
          b. Dios nos rescató de esa pasada manera de vivir (3:4-8)
      3. Estrategias para tratar con los errores doctrinales y sus maestros (3:9-11)
V. Conclusión (3:12-15)
      1. Recomendaciones finales (3:12-14)
      2. Despedida (3:15)

I. Introducción (Tito 1:1-4)

El prefacio de la carta de Pablo a Tito es un poco más elaborado que los prefacios de las dos cartas a Timoteo, y quizá hasta muy largo para la extensión de Tito. De todas las epístolas de Pablo, sólo la introducción a Romanos es más larga que la de Tito (Ro 1:1-7). La teología de Tito 1:1-2 es rica, repite varios de los elementos que encontramos en 1 Timoteo 1:1-2 y tiene tres partes principales: la auto-identificación de Pablo como su autor, a la par de algunas breves pero profundas declaraciones teológicas (1:1-3); la dedicatoria de la carta a Tito como su destinatario principal (1:4a) y el acostumbrado saludo pastoral paulino (1:4b).

1. Autoría (1:1-3)

Esta primera sección es una sola y larga oración en el texto griego. De ella, podemos sacar y reorganizar unas cuantas ideas para nuestro provecho. Pablo comienza identificándose por su nombre latino (1:1a), hecho que hace suponer que él es el autor y el escritor de la carta a Tito o, por lo menos, su autor intelectual, en caso de que haya usado los servicios de un secretario. Lo mismo se ve en las otras epístolas pastorales (1 Ti 1:1; 2 Ti 1:1). Además de identificarse por su nombre propio, Pablo se presenta, también, por medio de dos títulos que nos hablan de su posición y misión como líder cristiano (1:1a-b). El primero es "siervo" o "esclavo" de Dios (1:1a). Como muchos personajes en el Antiguo Testamento lo hicieron (por ejemplo, Jos 1:2; 2 S 7:5; Jer 7:25; Am 3:7), Pablo se ve a sí mismo como quien está al servicio de la voluntad de Dios, de forma absoluta e incondicional. La imagen de la esclavitud está detrás del lenguaje usado. Dios es "el amo" de Pablo y él es su "esclavo". No obstante, sólo aquí Pablo se presenta de esta manera. En sus otras cartas, prefiere el título de "siervo de Jesucristo" (por ejemplo, Ro 1:1; Gl 1:10; Filp 1:1). El segundo título es el de "apóstol de Jesucristo" (1:1b). Como ya apuntamos en nuestro comentario a las dos cartas dirigidas a Timoteo, el vocablo "apóstol" significa literalmente "enviado" y en la teología paulina subraya la idea de que Pablo ha sido llamado, equipado y enviado por Jesús, el Ungido, con la misión de proclamar las Buenas Noticias a todos los pueblos gentiles. El uso de estos dos títulos no parece ser accidental. Es posible que Pablo los esté utilizando como abreboca para que Tito se vea reflejado en ellos y pueda reflexionar sobre su ministerio pastoral, pues él es, también, "siervo" y "enviado de Cristo", aunque desde otro punto de vista. Pablo también quiere dar peso a sus instrucciones y necesita preparar a Tito y a las iglesias de Creta para ello.

La posición y misión de Pablo, implícitas en estos dos títulos (1:1a-b), se explicita en las palabras que siguen (1:1c-3). Como parte de su presentación personal, Pablo afirma que su trabajo consiste en ministrar a "los elegidos" y guiarlos para que puedan "conocer la verdad" (cf. 1 Ti 2:4) que es conforme a "la piedad" (1:1c; cf. 1 Ti 2:2). Su responsabilidad es traerlos a la fe y cultivar dicha fe. Estas personas son "elegidas" en un sentido práctico. Se han convertido a Cristo o respondido positivamente al evangelio y, como tales, constituyen ahora "el pueblo de Dios", a quien Pablo se debe (cf. Is 65:9). De esta manera, la iniciativa divina y la respuesta humana confluyen armoniosamente. Por otro lado, el apóstol entiende que su misión consiste en ayudar a los cristianos a discernir y a hacer suya la esencia del evangelio a la luz de la vida de santidad que éste exige. El conocimiento no está divorciado de la práctica. La verdad del evangelio es algo que se cree y que, a la vez, se vive. No es un simple concepto filosófico. Las falsas doctrinas, de las que Pablo hablará luego, son la antítesis de estos valores.

La piedad cristiana, además de estar íntimamente conectada con la verdad del evangelio, tiene una base inconmovible, según Pablo (1:2). Descansa sobre la promesa inquebrantable de que existe una vida que no tiene fin. La esperanza en un mundo mejor nutre la devoción a Dios en la tierra. Además, Dios, que jamás miente y es lo opuesto al carácter de los cretenses (1:12), prometió esta vida desde antes de que el mundo existiera y la reveló en el momento apropiado de la historia (1:3; cf. 2 Ti 1:9-10; Ro 16:25-26). A partir de la creación, Dios comenzó a trabajar para darla a conocer. Dios está en control y sabe lo que hace. La promesa se basa en el programa eterno de Dios de salvar a la humanidad. Más específicamente, el mismo Pablo ha sido depositario de este mensaje, tiene el respaldo divino y se ha dado a la tarea de proclamarlo. Su llamado fue una experiencia personal e irreversible de la cual Pablo se siente complacido, si bien es cierto que no siempre se sintió digno de tal llamado (1 Co 15:9; Ef 3:8; 1 Ti 1:11-13).

Así, desde el mismo comienzo de esta epístola, aprendemos que la autoridad divina y el servicio a los demás van de la mano. Las posiciones de privilegio y el poder jamás deben utilizarse para beneficios personales ni para excluir, menospreciar o hacer daño, sino para servir a los demás. Pablo tiene conciencia de su misión en la vida y la hace parte de su introducción a la carta a Tito. Asimismo, en la declaración de propósito de Pablo, notamos que para él la fe, necesariamente, se manifiesta en la vida diaria. Quien tiene fe debe practicar la piedad, y quien practica la piedad debe tener fe. Pablo ha sido llamado a compartir y vivir estas verdades teológicas.

2. *Destinatario (1:4a)*

En la segunda parte de esta introducción, encontramos una dedicatoria en la que Pablo identifica al destinatario de su carta y la relación cristiana que lo une a él. La carta está dirigida a Tito, pero éste es, también, su "hijo espiritual". En la introducción a este comentario, vimos que Tito fue un joven griego que se convirtió a Cristo gracias a Pablo, le sirvió como compañero de ministerio y llegó a ser un gran líder (cf. Hch 11:25-26; 18:22-19:1, 22; 2 Co 2:12-13; 7:6-7, 13-15; 8:6-7, 16-24; 9:2; 12:17-18; 2 Ti 4:10). Pablo, en esta carta, le recuerda a Tito de la relación maestro-alumno que los une, la misma que unió a Pablo con Timoteo (1 Ti 1:2; 2 Ti 1:2). De ahí que debamos estudiar las pastorales como ejemplos literarios de discipulado. Cultivar una relación fraternal con nuestros aprendices es vital. También es razonable inferir que esta carta pudo haber sido dirigida a las iglesias a las que Tito supervisaba. De hecho, al final de esta epístola, Pablo pide a Dios que derrame su gracia sobre todos "ustedes", lo cual incluye a Tito y a otros lectores (3:15). Quienes hicieron copias a mano de este documento en la antigüedad creyeron que las iglesias en general podían beneficiarse de este documento a pesar de haber sido dirigido, principalmente, a un individuo.

3. Saludo (1:4b)

En la última parte, Pablo expresa sus buenos deseos para con Tito. Dada la naturaleza de la tarea que queda por delante, Tito, al igual que Timoteo (1 Ti 1:2; 2 Ti 1:2), necesita de la paz mental que sólo viene de lo alto (cf. 3:15). No se puede realizar un ministerio cristiano fructífero prescindiendo de estos valores espirituales. Con ellos, Pablo encabeza muchas de sus epístolas (Ro 1:7; 1 Co 1:2; 2 Co 1:3; Gl 1:3; Ef 1:2; Filp 1:2; Col 1:2; 1 Ts 1:1; 2 Ts 1:2). Más que un buen deseo, mero saludo o encabezamiento literario, en estas palabras encontramos la oración de un buen maestro por su discípulo. En una relación de discipulado saludable, es aconsejable expresar nuestros mejores deseos para quienes han de tomar las riendas en el ministerio y reemplazarnos. Hay que preparar a la generación de relevo comenzando con buen pie.

II. La tarea de Tito al quedarse en Creta (Tito 1:5-16)

Pasando por alto la acción de gracias con la que Pablo típicamente comienza sus epístolas, el apóstol le deja saber a Tito en este pasaje cuál es el motivo principal por el que le escribe: «¡Poner orden en las iglesias!» (1:5a). Dos estrategias paralelas son claves para lograr este objetivo. Primero, Tito debe seleccionar un grupo de dirigentes idóneo (1:5b-9). En segundo lugar, se necesitan líderes capaces para contrarrestar la influencia negativa de los falsos maestros. Tito debe saber quiénes son estas personas y cómo tratorlas por lo que Pablo recurre a la vieja estrategia de desacreditarlos (1:10-16). Señalamos también, de paso, que, en contenido, forma y propósito, esta introducción es parecida a la introducción de la Primera carta de Pablo a Timoteo (1 Ti 1:1-2).

1. Poner orden en las comunidades de fe (1:5a)

Tito debe terminar de organizar a las iglesias que están de la isla de Creta, en el Mar Mediterráneo. La amenaza del caos moral y doctrinal está latente (1:5a). Aparentemente, Pablo y Tito iniciaron, en ese lugar, un ministerio que necesitaba completarse. Por eso, Pablo insta a Tito a que lleve a feliz término lo que ya se empezó (lit. "enderezar"). Según esta epístola, además de la falta de organización eclesiástica (1:5-9), hay otros desafíos tales como la influencia negativa de los falsos maestros (1:10, 11; 3:10, 11) y la necesidad de enseñar a las iglesias sobre las doctrinas y la moral cristianas (2:1-10; 3:1, 2), según la perspectiva paulina. Los expertos tienen dificultad en ubicar el ministerio de Pablo y Tito en Creta en la cronología de Hechos (Hch 27:7-9). Por esta razón, algunos sugieren un ministerio conjunto entre Pablo y Tito, quizá luego del encarcelamiento de Pablo en Roma (Hch 28). A pesar de esta limitación, entendemos que, para Pablo, dejar las cosas a medio andar es muy peligroso para los creyentes. Poner orden, para Pablo, implica, particularmente, nombrar a líderes en cada una de las iglesias de Creta. También implica atacar a quienes pudieran afectarlas con sus enseñanzas. Ninguna comunidad de fe puede existir sin un liderazgo apto y funcional. Para el momento cuando se escriben las pastorales, el movimiento cristiano se había extendido por muchas regiones y se necesitaban líderes para pastorear a las nuevas ovejas.

2. Seleccionar líderes idóneos para cada iglesia (1:5b-9)

La necesidad de liderazgo en cada lugar donde se reunían los cristianos era imperiosa. Esta situación, sin embargo, no fuerza a Pablo a caer en el error de dar responsabilidades pastorales a cualquiera. Es decir, Pablo no sacrifica "la calidad" por "la cantidad" ni cede desesperadamente ante las circunstancias. Tito tampoco debe cometer ese error. Su deber es más bien seleccionar y nombrar un liderazgo idóneo de acuerdo a las estipulaciones ya acordadas con su maestro (1:5b). Siendo consistente con su práctica ministerial (Hch 14:23), Pablo quiere que Tito provea, no un pastor por iglesia, sino varios. Nótese que él habla de "ancianos" y no de "anciano". Él cree en el liderazgo plural y compartido. Sin embargo, hacemos la salvedad de que la estructura eclesiástica, que se sugiere aquí para las iglesias de Creta, es sencilla y no tan formal como en otros contextos. Por ejemplo, las iglesias no parecen tener o necesitar "diáconos", como en Éfeso.

Por cuanto el asunto de buen liderato es esencial para enderezar las cosas en Creta, Pablo da una lista de cualidades morales y espirituales, y de destrezas y aptitudes que todo líder eclesiástico debe reunir (1:6-9; cf. 1 Ti 3:1-13). Éstas no son más que un "recordatorio" de lo que Pablo ya le había dicho a Tito anteriormente. En este texto "anciano" y "obispo" son términos intercambiables que se utilizan para hablar de una misma persona, es decir, "los pastores" (1:7, 8). El obispo como cargo más jerárquico apareció más tarde en la historia de la iglesia. Sin embargo, cada término retiene matices muy peculiares. Mientras que la palabra "anciano" subraya la dignidad y la madurez de la persona, la palabra "obispo" recalca el trabajo de supervisar a las ovejas. El ideal aquí parece excluir a los líderes jóvenes. Por cuanto la sociedad del Nuevo Testamento es patriarcal, es lógico deducir que este oficio está reservado sólo para los hombres. Sin embargo, no deberíamos sorprendernos de que hubiese excepciones a la regla, especialmente, cuando los hombres no estaban disponibles y había mujeres muy capaces.

El obispo (lit. "supervisor") o "el anciano" debe ser intachable, es decir, íntegro moral y espiritualmente ante los ojos de los demás (1:6a). Esta cualidad es crucial en este texto, pues se repite en el v. 7b, y parece resumir todas las demás (1:6b-9). De ser así, ser intachable o íntegro implica, primeramente, dar un lugar central a las relaciones familiares, siendo ejemplo. Pablo habla sobre dos de estos dos elementos de la vida familiar dentro del contexto patriarcal. Para comenzar se espera que el obispo esté casado con una sola esposa (1:6b). No sabemos si este requisito excluía categóricamente a pastores divorciados, solteros, viudos o a hombres que se hubiesen casado de nuevo (cf. 1 Ti 5:14; Ro 7:2, 3; 1 Co 7:39). Es muy posible que el requisito sea una respuesta cristiana a la institución de la poligamia. Utilizar este versículo para justificar el celibato, argumentando que el sacerdote debe estar casado, solamente, con la iglesia ("la esposa"), es una tergiversación de su significado. Curiosamente, Pablo no dice nada acerca de la calidad de la relación matrimonial que debe reinar entre el obispo y su esposa. Segundo, los hijos del obispo deben creer en Cristo y estar sujetos a su autoridad (1:6c). Aunque el griego puede traducirse aquí como "hijos fieles", la traducción "hijos creyentes" se ajusta mejor al contexto. No tener control sobre ellos desacredita la candidatura del líder o descalifica al pastor en cuanto al ejercicio de su liderazgo. Si el pastor no es capaz de infundir fe en sus propios hijos y asegurarse de que vivan conforme a ella, ¿qué garantía hay de que pueda tener éxito al llevar a otras personas a Cristo y guiarlas por el buen camino? Quizá la referencia aquí es a los hijos que son lo suficientemente capaces para decidir por sí mismos en cuanto a su fe, pero que, a la vez, están todavía en el hogar y bajo la guía paternal. No sabemos si esta orden excluía literalmente a los pastores sin hijos.

Las responsabilidades pastorales no acaban en el hogar. Según Pablo, el pastor es "mayordomo" o "administrador de Dios", de los asuntos de la iglesia y debe vivir como tal. Esta posición implica no sólo responsabilidad sino también integridad. La imagen aquí es la del siervo que trabaja para el dueño de la casa o de la hacienda, y es una de las imágenes favoritas utilizadas por el apóstol para hablar del ministerio cristiano (1 Co 4:1, 2; 9:17; Ef 3:2; Co 1:25). Así pues, el líder cristiano, más que siervo de la iglesia, es alguien que está bajo la autoridad directa del mismo Dios y cuya conducta importa. La calidad de dicho oficio lo demanda. Por lo tanto, el pastor debe ser inmaculado en lo que hace (1:7a; cf. 1:6a). El apóstol es enfático sobre el particular: "es necesario".

Una lista de once requisitos debe caracterizar la vida del anciano (1:7b-9). No debe pasar por alto los intereses de los demás para complacerse a sí mismo. La arrogancia no debe definirle. Tampoco puede ser alguien que se irrite con facilidad, pues hay que tener paciencia para el trabajo pastoral. No debe ser dado al vino; la claridad de pensamiento que da la sobriedad es un rasgo indispensable (1:7). El anciano tampoco debe ser una persona violenta, ni que utilice su oficio para hacer dinero, como normalmente lo hacen los falsos maestros (cf. 1:11). Se espera, también, que el obispo esté dispuesto a abrir su corazón y su hogar a los viajeros (lit "que ame a los extranjeros") y que sea amante de todo lo que es bueno. Debe, también, ser una persona que domine sus pensamientos y emociones, recto o justo en sus acciones, consagrado a

Dios y disciplinado (1:8). Finalmente, el anciano debe estar preparado para desarrollar un ministerio didáctico (1:9). Partiendo del mensaje del evangelio al que el anciano debe aferrarse, dicho ministerio necesita cumplir con dos funciones: una inspiradora y la otra apologética. La edificación de los fieles para que sigan hacia adelante es tan importante como rebatir los argumentos de quienes contradicen la sana doctrina.

De esta manera, podrán relacionarse con efectividad con las personas bajo su cargo y con el mundo exterior y, a la vez, contrarrestar la mala influencia de los herejes. Dicha lista es similar a las listas dadas a los ancianos y a los diáconos en Primera a Timoteo (1 Ti 3:1-13; 4:14; 5:17-22).

Tito debe asegurarse de que los candidatos al ministerio sean íntegros. Esta lista, por supuesto, no es exhaustiva y responde a las necesidades del momento; a nosotros nos toca complementarla. Debido a las complejidades del mundo en que vivimos hoy día, además de un arraigado sentido de vocación divina, confirmado por la iglesia, nuestros líderes deben tener una preparación académica sólida.

3. *Combatir a los falsos maestros (1:10-16)*

Ahora bien, ¿por qué razón deben los ancianos reunir todos estos requisitos pastorales (1:5-10) y, particularmente, estar equipados y listos para desarrollar una labor didáctica en la iglesia (1:9)? La respuesta de Pablo es categórica: ¡porque en las iglesias de Creta hay muchos predicadores que enseñan falsas doctrinas y cuyos estilos de vida dejan mucho que desear (cf. 1 Ti 1:3-7)¡ Pero quizá el grupo más peligroso es el de los judaizantes. Aparte de algunos rasgos muy generales, el texto bíblico no provee muchos detalles sobre la identidad de este grupo, pero es muy posible que hayan sido judíos helenistas ("los de la circuncisión"), que nacieron o se criaron en Creta, y que combinaban sus creencias judaicas con algunos principios del gnosticismo. No es claro si estas personas exigían que los gentiles fueran circuncidados como rito de incorporación a la comunidad cristiana.

Pablo los identifica por medio de tres calificativos (1:10). Primero, son "rebeldes", es decir, rehúsan someterse a la autoridad del evangelio o a la sana doctrina. La independencia que quizá promueven llevaría a la anarquía, al no tener que rendir cuentas a nadie. También son "palabreros". Aunque es posible que tengan la capacidad para expresarse con elegancia, elocuencia y fluidez y para fascinar a quienes les oyen, su retórica es vacía y carece de sentido. Tercero, son "engañadores"; dicho de otro modo, poseen el poder para manipular y desviar de la verdad a quienes les escuchen y crean. ¿Qué hacer ante estas dotes potencialmente destructivas? Para impedir que los falsos maestros sigan regando sus ideas, Pablo cree que es deber moral de Tito silenciarles (1:11a). El verbo "silenciar" connota la idea de amordazarlos; es decir, impedir que prediquen sus herejías. Pero, a la vez, implica rebatir sus argumentos, lógicamente, hasta que no tengan nada que decir. El poder de "la palabra" puede, solamente, ser neutralizado por medio del poder de "la Palabra".

Taparles la boca a estos herejes es justificable puesto que sus enseñanzas afectan la estructura patriarcal de las familias de entonces, y su fe en Cristo (1:11b). Lo hacen por medio de doctrinas que no deben enseñar o que aparentan ser verdad. Éste es uno de los puntos contra los cuales Pablo argumenta en las pastorales (cf. 2:4-5, 9-10; 1 Ti 2:15; 3:4-5, 12; 5:4, 8, 14). También utilizaban la religión como medio de lucro (1:11c); es decir, buscaban enriquecerse a expensas del "bienestar espiritual" de sus víctimas. Siglos más tarde, la situación no parece haber cambiado mucho, ya que todavía existen personas e instituciones religiosas que, influenciadas especialmente por los valores del capitalismo, utilizan la fe como medio para hacer negocios. La familia como célula fundamental de la sociedad sufre, también, los embates de la cultura dominante.

La influencia negativa de los maestros cretenses es aún más peligrosa cuando se toma en cuenta la inmoralidad de los mismos cretenses (1:12). Mientras que los primeros son manipuladores, los segundos son manipulables; es decir, son muy susceptibles a ser engañados pues viven la mentira. Como evidencia para apoyar este punto, Pablo cita una estrofa de un poema atribuido a un filósofo cretense llamado Epiménides, quien vivió entre el 500 y el 600 a. C. En la cita, este autor cretense, quien conoce a los cretenses muy de cerca, resume la identidad de su pueblo (juntamente con los capadocios y cilicios) por medio de tres características: siempre mienten o engañan, se comportan como animales salvajes para ser atrapados como presa y, en su pereza, sólo buscan llenarse el estómago en vez de ganarse la vida por medio del trabajo duro y honesto. Pablo, curiosamente, concuerda con este perfil pero sin emitir una evaluación crítica sobre su validez (1:13a).

Es posible que algunas experiencias negativas con algunos cretenses hayan resonado con este veredicto. La literatura extrabíblica apoya esta percepción estereotípica de los cretenses como "malvados". Por ejemplo, esta mala reputación fue tan popular entre los griegos que el verbo griego "kretein" ("cretinizar" y del cual viene la palabra castellana "cretino"), significaba literalmente "mentir" o "engañar". En cierto sentido, el que Pablo cite directamente las palabras de un cretense para desacreditar a los cretenses, le exculpa de la posible acusación de "anti-cretense". Pero, a la vez, pone al pueblo de Creta (en cuyas iglesias Tito ha de ministrar) en el dilema entre aceptar lo que Epiménides afirma sobre ellos, y concordar con el argumento de Pablo, o rechazar las palabras de uno de sus "profetas" más prominentes, haciéndole mentiroso.

Analizando las palabras de Pablo en el v. 12, el apóstol parece no darse cuenta de que Epiménides es cretense, y ya que los cretenses son "mentirosos", ¿cómo puede, entonces, dársele credibilidad a las palabras de este filósofo? Por ser cretense, ¿no sería Epiménides mentiroso también? Las palabras de Pablo son paradójicas en el mejor de los casos. Otro punto es que, si bien es cierto que esta caracterización de los cretenses pudiera sonar como exagerada y prejuiciada, para nuestra sorpresa, Pablo concuerda con ella sin darse cuenta del valor e implicaciones negativas de su comentario (1:13a). Esto muestra que, a pesar de nuestras buenas intenciones de ayudar a otras personas y lograr un bien mayor, muchas veces no medimos la naturaleza y el alcance negativo de lo que decimos. Hay que tener cuidado, tener conciencia crítica y siempre apelar al sentido común cuando nos referimos a otras personas, aun a quienes son nuestros "adversarios" o "enemigos".

En la mente de Pablo, la respuesta de Tito a esta situación es obvia (1:13b-15b). Si los maestros cretenses son lo que Pablo afirma (1:10-13a), Tito debe, como es natural, "reprenderlos" (cf. 1:9), aunque para ello tenga que ser un tanto agresivo (1:13b). Dicho de otra manera, Tito debe mostrarles en qué consiste su error. La represión pastoral de estas personas no es un fin en sí misma. Se esperan tres resultados específicos: 1) que la fe en Cristo sea fuerte y basada en las verdades del evangelio; 2) que se rechacen de plano las leyendas judías y 3) que no se obedezcan las órdenes de quienes siguen la mentira o rechazan la verdad del evangelio (1:14). Pablo adopta una posición contra las especulaciones teológicas que posiblemente estos falsos maestros derivaron del Antiguo Testamento y que encontramos, también, en la literatura apócrifa judía del período que se produjo unos doscientos años antes de Cristo (cf. 1 Ti 1:4). También se opone a las reglas y rituales de procedencia gnóstica (1:15; cf. 1 Ti 4:3-6), particularmente, aquellos que promueven un ascetismo radical y cita una máxima moral tradicional en apoyo a su punto de vista: "Para los puros, todas las cosas son puras. Pero para quienes son corruptos y no creen, nada es puro" (1:15a). Esto quiere decir que lo que determina "la contaminación" o "la pureza" de las cosas no es su naturaleza misma, sino la condición espiritual y la actitud de la persona que emite el juicio. El problema es interno y no externo. En el caso de los falsos maestros, es la corrupción de sus "mentes" y "conciencias" lo que les lleva a creer y exigir un ascetismo estricto y superficial (1:15b; cf. 1 Ti 4:3-5). La teología de Pablo sobre "la pureza" es afín a las enseñanzas de Jesús en contra de las leyes judías sobre la ingestión de alimentos (Mt 15:10, 11; Mc 7:14-19; Lc 11:37-41) —que resultaban difíciles de aceptar para personas como Pedro (Hch 10:9-15, 28).

Aunque la corrupción de estos falsos maestros es interna, se muestra en hechos externos. Tito no sólo debe, impedir, que las doctrinas predicadas por falsos maestros se propaguen, enmudecer sus enseñanzas con sólidos argumentos y mostrarles su error, debe, también, recordar que el estilo de vida de tales maestros corrobora su deterioro moral; que Pablo condena (1:15c-16). A pesar de que quizá se refieran a Dios, como los gnósticos suelen hacerlo, y de que tienen una posición privilegiada como judíos, y hasta confiesan el nombre de Cristo verbalmente, estas personas son "cristianos de nombre", pues sus acciones delatan lo contrario (1:16a; cf. 6:20-21; 1 Jn 2:4). Son, además, "detestables", "desobedientes" y "no aptos para hacer buenas obras" (1:16b). La hipocresía de estos actores de la religión causa horror y disgusto. La independencia engendrada por sus creencias y su ritualismo menosprecia la verdad de Dios y su autoridad. Su impureza moral les imposibilita el hacer el bien; no sirven para nada. Sin un liderato sólido, las iglesias serían llevadas, fácilmente, por cualquier viento de doctrina y por un estilo de vida licencioso. Los consejos de Pablo a Tito tienen mucho que enseñarnos.

III. El ministerio pedagógico de Tito en las iglesias (2:1-15)

Si Tito ha de restaurar el orden en las iglesias cretenses, preparándolas para resistir o purgar la mala influencia de los falsos maestros (1:5-16), el ministerio didáctico es clave para lograr este objetivo. En un contexto de conflicto de ideas y lucha de poder, cambiar la forma de pensar a través de la enseñanza (en cualquiera de sus formas) es, quizá, una de las mejores tácticas para corregir los errores doctrinales y minimizar el riesgo de caer en el desenfreno moral. Es, también, una magnífica estrategia para que el evangelio no sea desacreditado y otras personas puedan convertirse a Cristo (cf. 2:5, 8, 10). Para lograr estos objetivos, hay que enfocar el trabajo pastoral en los grupos, que dentro de la iglesia, pudieran ser más vulnerables o afectados por "las herejías", particularmente, la familia y las mujeres. Por lo tanto, en esta sección, Pablo le recuerda a Tito que su tarea principal es enseñar a las iglesias (2:1, 2, 3, 9, 15). Cuatro grupos en particular precisan de la instrucción de Tito: los ancianos, las ancianas, los jóvenes y los esclavos (2:2-10). El apóstol concluye esta sección afirmando que la gracia de Dios es la base que sustenta la vida cristiana consagrada (2:11-14). Consecuentemente, quien cumple con las responsabilidades descritas en 2:2-10 manifiesta una vida de santidad. También el apóstol le recuerda de nuevo a Tito que su ministerio en Creta es, básicamente, educativo (2:15).

1. La encomienda a enseñar (2:1)

No cabe duda de que el ministerio de Tito en Creta es didáctico. Este joven ministro debe comunicar verbalmente a los creyentes las verdades fundamentales de la fe cristiana, a fin de que puedan comportarse como es debido. Ésta abarca asuntos de fe y de ética. La buena enseñanza debe resultar en buena conducta. Aunque el presente texto no siempre utiliza la palabra "enseñar" u otras semejantes, el tema la permea y revela su importancia (2:1, 2, 3, 9, 15) La manera en que Pablo se dirige a Tito es enfática ("Tú, en cambio"). La amenaza de las falsas doctrinas justifica este tono. Sin embargo, no es asunto de enseñar por enseñar. Existen parámetros establecidos, por lo que Pablo la denomina "la sana doctrina" (cf. 1:9). Ésta apunta a un conjunto de principios, criterios y valores anclados en la tradición paulina y en el evangelio, con los cuales Pablo y Tito están familiarizados. Aunque quisiera, Tito no debe ideárselas para proclamar sus propias ideas ni guardarse lo aprendido para sí mismo. La fe cristiana es para ser compartida. Debido a ello, las iglesias bajo su cargo deben ser instruidas también. Somos una sola comunidad. Aunque Pablo no define claramente la "sana doctrina" en las pastorales, podemos inferir algo de su contenido a partir de las instrucciones dadas a Tito.

2. Grupos a quienes hay que instruir y sus responsabilidades (2:2-10)

Este pasaje explica el significado del v. 1, indicando a quiénes Tito debe enseñar particularmente en las iglesias y qué debe enseñarles. Existen cuatro grupos de cristianos a quienes Tito debe instruir: los ancianos (2:2), las ancianas (2:3-5; cf.1 Ti 3:11), los jóvenes (2:6-8) y los esclavos (2:9-10). Ya que los falsos maestros buscan desestabilizar a las familias cristianas, se hace necesario fortalecerlas. Estos cuatro grupos son representativos de la familia patriarcal grecorromana a la que Tito ha de dar cuidado pastoral.

El primer grupo a quien Tito debe instruir como discípulos es el de *los ancianos* (2:2). Típicamente, éstas son personas que, en virtud de su edad avanzada y experiencias, son maduras, honorables y son a quienes se acude en busca de dirección y guía. Por eso, Pablo los menciona primero en este texto. No son "los pastores" de los que Pablo habló anteriormente (1:5). Por su posición de liderazgo dentro de la comunidad y la familia, es necesario que los ancianos continúen siendo personas de carácter moral ejemplar. Para tal efecto, deben cultivar cuatro cualidades: la claridad de pensamiento que les permita conducirse correctamente ("sobrios"), el tipo de comportamiento que haga que otras personas valoren su imagen y aprecien su dignidad ("respetables"), la habilidad para controlar sus acciones y juicios ("sensatos"; 1:8), y la posesión de una fe, amor y constancia que sean saludables, así como lo es la doctrina que profesan. La confianza en Cristo, la capacidad para servir a otros personas y la fuerza de voluntad para seguir hacia delante en medio de las pruebas de la vida son virtudes centrales. Los consejos dados a los ancianos en este versículo son similares a los dados a los obispos y diáconos en 1 Timoteo (cf. 1 Ti 3:2, 8).

Se espera una conducta similar de *las ancianas* (2:4-5). Éstas, como los ancianos, ocupan un lugar de importancia dentro de la estructura familiar, pero bajo la sombra de los valores del "hombre". La primera parte de las instrucciones dadas por Pablo tiene que ver con las mujeres de avanzada edad en las iglesias (2:3); la otra tiene que ver con el papel didáctico que las ancianas deben cumplir para con las casadas más jóvenes (2:4-5). Tito debe enseñarles que su primer deber es ser "reverentes" en su manera de vivir; es decir, ser devotas a Dios en palabra y hecho (2:3a). Su conducta externa debe manifestar la espiritualidad interna que define su carácter. El resto de este versículo detalla un poco en qué consiste esta reverencia. Por un lado, la reverencia y la mentira se excluyen mutuamente. Las ancianas, por tanto, jamás deben "calumniar", es decir, no dar lugar al chisme, la especulación o la fabricación de cargos para acusar a otras personas. También implica alejarse de la adicción al vino (2:3b). Existe aquí una relación muy estrecha entre "la intoxicación" provocada por el exceso del alcohol y las falsedades que normalmente salen de la boca de quien ha caído en dicho estado. Además, las ancianas tienen la obligación de enseñar, pero sólo a otras mujeres. Tito sólo debe asegurarse de que esto suceda ya que, debido a la distribución del trabajo de acuerdo al sexo o el género en aquella cultura, esto no es trabajo que, como varón, él pueda hacer. ¿Qué enseñar a estas mujeres? Pablo recomienda que las ancianas deben instruirlas en todo aquello que es moralmente bueno (2:3c), especialmente, en asuntos relativos a la familia o al hogar, como los vv. 4-5 lo atestiguan. Enseñar o predicar en la iglesia es prerrogativa masculina (cf.1 Ti 2:11-15; 5:14).

La tarea didáctica de las ancianas tiene un enfoque bien definido. Toda vez que las ancianas cumplan con los requisitos morales explicados en el 2:3, deben instruir a las mujeres más jóvenes (especialmente, a las recién casadas) sobre cómo desempeñarse mejor en sus quehaceres y responsabilidades domésticas (2:4-5). Aunque suene muy "machista" y funcione como una estrategia para preservar el patriarcado, la instrucción paulina es parte de lo que significa "enseñar lo bueno" (2:3c). Con esto en mente, por ejemplo, las ancianas podrían aconsejarles a otras mujeres menos experimentadas a querer profundamente a su familia inmediata, es decir, a sus maridos e hijos. También a tener control personal, lo cual es una virtud requerida de todo creyente (cf. 1:8; 2:2, 6), y a ser limpias de mente, corazón y acción. Por cuanto Pablo condena la pereza y la desocupación entre las mujeres (cf. 1 Ti 5:13-14), las jóvenes deben cuidar de sus hogares y estar dispuestas a hacer lo que beneficie a otras personas, particularmente, dentro del contexto del hogar. Ser bondadosas nunca está de más. Finalmente, deben someterse voluntariamente a sus esposos a fin de que no se hable mal de la Palabra de Dios (cf. Ef 5:22-24). Por alguna razón, Pablo entiende que "el comportamiento inapropiado" de las mujeres podría afectar la manera como la sociedad ve y responde al evangelio. El apóstol teme que, por no cumplir con todas estas responsabilidades domésticas tradicionales, las mujeres estarían dando razones para que la sociedad no sólo rechazase el mensaje divino sino que dijera barbaridades de éste. Por eso, el apóstol pone todo el peso de la responsabilidad sobre las mujeres. Aunque la fe cristiana elevó un poco la imagen de la mujer ante Dios y la sociedad (Gl 3:28), esa misma fe no abolió las disparidades existentes entre los hombres y las mujeres en tiempos bíblicos.

Como los adultos, la generación de relevo también necesita de dirección y de un liderato fuerte. Pablo le recuerda a Tito que su responsabilidad es amonestar fuertemente a *los jóvenes varones* sobre cómo conducirse correctamente (2:6-8). Porque este grupo se caracteriza por ser muy impetuoso y, muchas veces, actúa sin pensar, Tito debe encaminarlos para que sean "sensatos" de modo que puedan controlar sus impulsos (2:6). El dominio propio es una de las cualidades que Pablo quiere que todos los creyentes cretenses cultiven (1:8; 2:2, 4, 5), pero la nueva generación requiere una dosis más fuerte. Ya que las mujeres jóvenes cuentan con la guía de otras mujeres más experimentadas, posiblemente Pablo piensa que Tito, por ser hombre y joven, podría tener un ministerio más efectivo enseñando a otros jóvenes directamente y sirviéndoles como modelo. En teoría, sería más fácil que ellos se identificasen con alguien como él. La edad y el sexo masculino son dos variables relevantes para el ministerio de Tito.

Pero esto no es todo. Pablo aprovecha la oportunidad para recordarle a Tito que su praxis como maestro de los cretenses debe confirmar totalmente la dimensión teórica y funcional de su ministerio didáctico (2:7a). No existe mejor "libro de texto" o "recurso pedagógico" para enseñar a otros que lo que el maestro *hace*. Puesto que los jóvenes necesitan de modelos a quienes imitar, Tito debe ser para ellos ejemplo con sus "buenas obras" (cf. 3:1). La juventud es una oportunidad para dar a otros lo mejor de nosotros mismos en vez de una excusa para justificar nuestra mediocridad y pereza, y el divorcio que solemos hacer entre la teoría y la práctica—sobre todo en el campo educativo y el discipulado.

Si lo que Tito hace es importante en la formación de otros creyentes, también lo es la manera en que debe enseñar, así como el contenido de lo que transmite. Descansando en esta premisa, Pablo le aconseja a Tito que enseñe con "integridad" (es decir, sin dejarse infectar por los errores doctrinales y morales de los falsos maestros) y con mucha "seriedad" (o sea, dándole la importancia que esta sagrada tarea requiere, en vez de actuar a la ligera) (2:7b). Al mismo tiempo, Tito debe cerciorarse de que su lenguaje o prédica sea "sana" o "saludable", es decir, anclada en "la sana doctrina" (cf. 2:1). Ya que las herejías afectan la fe, el liderazgo y la moral de todos, "la sanidad" es una cualidad espiritual que se aplica, no sólo a los principios teóricos del cristianismo como en 2:1, sino también a los pastores (1:9) y a los creyentes en general (1:13; 2:2). Si el mensaje que Tito anuncia es "sano", asevera el apóstol, nadie podrá "condenarlo" (2:8). Sus críticos, particularmente los herejes, no tendrán nada que objetar o rebatir. Muy por el contrario, cuando se les demuestre que están equivocados, los adversarios se sentirán humillados por su comportamiento y por no tener evidencia para hacer ninguna acusación. La conducta ejemplar es el mejor recurso para tapar la boca de quienes buscan cualquier excusa para desprestigiar a los cristianos. El mal ejemplo se combate con el buen ejemplo.

Tomar en cuenta la edad y el sexo de los miembros de las iglesias es tan relevante como estar al tanto de las clases sociales y sus necesidades muy particulares. Sabiendo que la enseñanza ideal es aquella que toma en consideración el contexto de quienes aprenden, Pablo ahora se concentra en los esclavos y le recuerda a Tito cuál es su responsabilidad para con este grupo (2:9-10). Muchos de los convertidos a la nueva fe en Creta, y en otras partes del mundo, pertenecían a esta clase social, y había que ministrar también con ellos para protegerlos de las herejías del momento. Tito debe exigir que los esclavos mantengan su posición y que cumplan con los deberes que les son propios de acuerdo a la sociedad esclavista. Para comenzar, deben someterse a sus amos en todo (Col 3:22). Socialmente, éstos tienen poder absoluto sobre ellos; los esclavos son sus herramientas y propiedad. La palabra "déspota" viene del término griego que el apóstol emplea en este versículo. Por supuesto, esta exhortación a la obediencia excluye aquellos asuntos que van contra la conciencia o la fe cristiana. No siempre la palabra "todo" ha de tomarse literalmente. Los esclavos que se someten, continúa Pablo, se esfuerzan por satisfacer a sus amos y permanecen callados ante la autoridad de éstos. Por tal motivo, no es recomendable que los esclavos disputen o resistan las órdenes de sus amos. El último consejo tiene que ver con no traicionar la confianza que sus amos han depositado en ellos. Para preservarla, no deben valerse de ninguna oportunidad, truco o estrategia para robar a sus amos. Aunque esto era normal en el mundo grecorromano (cf. Fil 18). Los esclavos cristianos debían sujetarse a un principio moral mucho más alto. Al actuar de esta manera, ellos honrarían la doctrina divina y crearían las condiciones para que los no cristianos se acercaran a la fe. Aunque Pablo no lo ve o presenta de esta manera, la sumisión de los esclavos casi a ultranza cumple una función utilitaria; su comportamiento es una especie de "anzuelo evangelizador". Como hemos podido notar, con todas estas recomendaciones Pablo simplemente regula y bendice, por omisión, una institución deshumanizante. La estructura esclavista, como tal, permanece inalterable (cf. 1 Ti 6:1-2). Tanto en el caso de las mujeres como en el de los esclavos, la víctima lo es aún más.

Un análisis esmerado de esta lista de obligaciones muestra que Pablo, lejos de redefinir las expectativas que la sociedad grecorromana tenía sobre la conducta de estos grupos, particularmente las mujeres y los esclavos, más bien, las reafirma, pasando por alto el análisis crítico. En su defensa, no obstante, creemos que el apóstol teme que ir en contra de los valores de la cultura crearía una mala reputación para la iglesia y entorpecería el anuncio de las Buenas Noticias de Jesucristo (2:5, 8, 10; cf. 1 Ti 3:7). De ahí que en estas y otras instrucciones en las pastorales todavía encontremos vestigios de una sociedad jerárquica, machista y esclavista (cf. 1 Ti 5:1-6:2). Por conveniencia o asunto de sobrevivencia, la posición de Pablo es conservadora y acomodaticia. Gracias al cielo, que los tiempos han cambiado y, paulatinamente, nos acercamos más a la igualdad. Ésta todavía es un ideal por el que hay que seguir luchando, comenzando por nuestras comunidades religiosas.

3. La gracia divina es el fundamento de la santidad cristiana expresada en el cumplimiento de dichas responsabilidades (2:11-14)

¿Por qué deben todos estos grupos, y especialmente los esclavos, acatar las directrices trazadas por Pablo y reforzadas por Tito? La respuesta del apóstol es contundente: ¡la gracia divina! Para Pablo, este principio es el corazón de "la sana doctrina" que, necesariamente, se expresa en la obediencia. Hablar de Dios como "salvador", y el imperativo de hacer de su mensaje algo atractivo para que los no cristianos vengan a los pies de Cristo (2:10), mueve al apóstol a regresar a la verdad central del evangelio. La ética cristiana tiene su justificación teológica en el carácter y las acciones de Dios. Parafraseando a Pablo, la gracia de Dios hizo su aparición en el espacio y el tiempo para ofrecer salvación universal (2:11; cf. 3:4; 1 Ti 3:16; 2 Ti 1:10). Jesús fue enviado para dar vida a todos, y no para destruirlos. Pablo aquí parece referirse a Cristo como realidad histórica: a su nacimiento, vida y ministerio, muerte y resurrección.

Lejos de ser un dogma inerte y distante, la libre, incondicional y amorosa iniciativa de Dios de liberar y transformar a los pecadores es didáctica, práctica y encaminada hacia un futuro promisorio (2:12-14). La gracia de Dios, que no es gratis o barata, nos "enseña" (lit. "educar o entrenar a un niño") a vivir en santidad e implica tres acciones concurrentes y complementarias. Primero, como antítesis al *modus operandi* de los falsos maestros, el cristiano debe decir "no" a la impiedad (cf. 2 Ti 2:16) y a las pasiones mundanales (cf. 3:3). En otras palabras, debe repudiar la manera como se comporta la sociedad secular y sus invitaciones a satisfacer los placeres de la carne (2:12a). Esta exigencia es una especie de auto-negación constante. Segundo, en el aquí y el ahora, el discípulo de Cristo debe seguir la verdad y la justicia, fielmente, en relación con sus semejantes ("rectitud moral" o "justicia"), mantener una conexión íntima y comprometida con Dios ("piedad"), y controlar sus sentimientos, actitudes, palabras y acciones ("dominio propio", 2:12b; cf. 1:8; 2:2, 5). Por cuanto "el tiempo presente" es malo y tentador, este curso de acción no debe dejarse para mañana (cf. Ro 12:2; Gl 1:4; 2 Ti 4:10). Tercero, el creyente orienta su presente caminar hacia el regreso triunfal de Cristo, (lit "aparición") en el clímax de la historia, y su encuentro con él (2:13; cf. 1 Ti 6:14). Este Cristo, quien es el mismo Dios para Pablo, es el norte esperanzador (cf. 1 Co 15:23;

1 Ts 4:15). Pero, como el apóstol lo señala en otra parte, el anhelo por ese futuro viene después de la renuncia al pecado (cf. 1 Ts 1:9-10). Éste es uno de los pocos pasajes en donde la divinidad de Cristo es explícita (cf. Jn 20:28; Col 1:15; Heb 1:8). A fin de cuentas, reitera Pablo utilizando lenguaje del Antiguo Testamento, fue ese Cristo quien, por voluntad propia, nos rescató de la iniquidad pagando un alto precio (2:14a) (1 P 1:18-21; 1 Jn 1:7; cf. Sal 130:8). Al mismo tiempo, nos limpió para que fuéramos pueblo suyo (cf. Ex 19:5; Ez 37:23) y fervorosos para hacer lo bueno (cf. Eclesiástico 51:18; 1 Mac 2:27) (2:14b). Responder en obediencia es lo menos que todo cristiano debería hacer por tal muestra de amor y servicio (cf. Ro 12:1-2).

4. Reiteración del encargo a enseñar (2:15)

Para finalizar esta sección, Pablo inserta un nuevo recordatorio de que la misión de Tito es, primordialmente, educativa. Desde el comienzo (2:1) hasta el final de este texto (2:15), Pablo ha hecho hincapié en ello de varias maneras (2:2, 3, 9). Como representante apostólico en Creta, Tito tiene la autoridad para realizar este ministerio y debe ejercerla con convicción y presteza. Nadie debe menospreciar o minimizar su persona y trabajo. Mientras concluye, Pablo apunta a dos funciones principales: la exhortación y la represión. La primera pudiera referirse a los creyentes fieles, quienes ante el desenfreno ético y doctrinal, recibirán la motivación necesaria para edificarles y animarles a seguir adelante. Con tono más fuerte, la segunda función se aplica a quienes no respondan positivamente y a los falsos maestros. La misión didáctica de Tito es multifacética e imperativa.

IV. Invitación a hacer el bien en la sociedad (Tito 3:1-11)

Esta sección es la última de la epístola a Tito, antes de que Pablo se despida de su aconsejado y comparta con él algunas instrucciones finales (3:12-15). Puede dividirse en tres unidades de pensamiento: 3:1-2, 3:3-8 y 3:9-11. En la primera, Tito necesita recordarles a las iglesias que tienen responsabilidades que cumplir para con la sociedad civil (3:1-2). De un enfoque en los líderes (1:5-16) y los grupos de la iglesia (2:1-15), con las respectivas advertencias contra las falsas doctrinas en el proceso, Pablo ahora pasa a argumentar que la santidad también abarca la relación con el mundo secular. La segunda unidad presenta dos razones entretejidas que justifican el comportamiento cristiano (3:3-8). Ir en contra del gobierno y hacer el mal son parte de la vida antes de Cristo (3:3). La salvación en Cristo ha rescatado al creyente de esa pasada manera de vivir (3:4-8). La última unidad no es más que una exhortación sobre cómo Tito, como expresión de bondad, debe manejar el asunto de los errores doctrinales y los falsos maestros (3:9-11).

1. La fe cristiana y las responsabilidades civiles (3:1-2)

Esta división agrupa unas breves exhortaciones a relacionarse apropiadamente con las personas en posiciones de autoridad y con la sociedad en general. En vez de aislarnos del mundo circundante, la salvación en Cristo se manifiesta en cómo interactuamos fuera de las cuatro paredes de la iglesia. La primera responsabilidad es someterse, voluntariamente, al estado y obedecer sus leyes (3:1a), es decir, el orden temporal. Ya que este deber no es nuevo para las iglesias, a Tito le corresponde recordárselos —particularmente a todos los grupos mencionados en el pasaje anterior (2:1-5). Ser buen ciudadano o súbdito del Imperio Romano, o de cualquier otro gobierno, implica aceptar su autoridad y acatar sus dictámenes, por lo menos, en principio. En este versículo se da por sentado que esta responsabilidad no contradice la fe cristiana puesto que la lealtad absoluta se debe solamente a Dios y a su reino. El llamado a someterse al gobierno es consistente con las enseñanzas del N.T. (Ro 13:1-7; 1 Ti 2:1-2; 1 P 2:13-17). No puede existir orden social sin la participación ciudadana. Quizá por razones prácticas, Pablo aquí recomienda una actitud un tanto conservadora desde el punto de vista político. El apóstol, obviamente, no reflexiona críticamente sobre la naturaleza y la función del gobierno. Sólo se limita a compartir algunos lineamientos muy generales, pasando por alto situaciones específicas o aun excepciones a la regla. Es por ello que una teología política a partir de este pasaje tendrá que ir mucho más allá de lo que Pablo prescribe.

A la sumisión y la obediencia le sigue "hacer lo bueno" en todo tiempo para con todas las personas (3:1b), lo cual incluye al gobierno, por supuesto. Pablo no define claramente lo que esto significa; pero, entre otras cosas, esta enseñanza pudiera ser una referencia a estar preparados y dispuestos a participar en actividades que promuevan el bien común. Mantenerse al margen con indiferencia ante las necesidades sociales violaría el consejo paulino y es, a la luz de esta orden apostólica, una postura anticristiana. Además, como Pablo parece sugerir, respetar y acatar las leyes es parte de ese buen proceder que debe caracterizarnos como ciudadanos de la sociedad civil (cf. 3:8). En las pastorales hacer "el bien" o "buenas obras" es responsabilidad de todos los creyentes en Cristo (cf. 2:7; 1 Ti 2:10) y es parte del buen testimonio que hay que dar para los de afuera. En una palabra, nos debemos a nuestro prójimo.

Para efectos de aclarar en qué consiste "hacer lo bueno" (3:1b), Pablo da unos consejos un poco más concretos (3:2). Por ejemplo, los cristianos deben abstenerse de maldecir o injuriar a otras personas, incluso a quienes les maltratan u ofenden (3:2a). El lenguaje ofensivo y los conflictos que produce resquebrajan las relaciones humanas. El mismo Tito debe tener cuidado de ello (3:9). El cristiano debería soportar en silencio las injurias o ataques personales, tal y como Cristo nos enseñó (1 P 2:23). Por eso, antes que recurrir a "la violencia de la palabra", Pablo recomienda que el creyente actúe con cortesía y gentileza y que piense en los demás, de modo que pueda reinar la armonía (3:2b). Buscar la paz y ser respetuosos de otras personas y del derecho ajeno contribuyen a crear un clima más saludable. Finalmente, en lugar de ceder a la jactancia, la soberbia o la ira, el cristiano debe ser humilde en su actitud y trato para con los demás (3:2c).

2. *Razones que justifican este comportamiento (3:3-8)*

¿Por qué deben los cristianos comportarse de tal manera ante las personas en posiciones de autoridad y ante la sociedad civil? Consciente de la obra transformadora que Dios ha operado en cada cristiano, Pablo da dos razones de peso para responder a esta interrogante. La primera razón es que "hacer lo malo," de lo cual la insubordinación al gobierno, y las otras actitudes denunciadas previamente, serían muestras (3:1-2), pertenece a la vida pasada —es decir, al estilo de vida anterior a la conversión a Cristo (3:3a). La sociología de la religión nos enseña que en todo proceso de conversión religiosa usualmente hay un "antes" y un "después" que debe definir la condición espiritual presente del convertido, a fin de fortalecer su fe y su ética. A Pablo le gusta utilizar este tipo de lenguaje para hablar de la experiencia cristiana (cf. Ro 6:17-23; 1 Co 6:9-11, 17-19; Ef 2:2-13; 4:18; 5:7-12; Col 1:21, 22; 3:7-10). Ser cristiano exige un nuevo estilo de vida. Recordar nuestro oscuro pasado debe ser un incentivo para ser considerados con quienes no son cristianos y para ayudarles a salir de esa condición espiritual. Pablo explica esta condición antes del encuentro con Cristo enumerando varios hábitos contrarios al estilo de vida bosquejado en los vv. 1-2. Aunque pudiera sonar estereotípica, y hasta alarmista para muchos, esta descripción se ajusta a cómo Pablo, usualmente, caracteriza a "los inicuos" (Ro 1:19-31). Antes de conocer a Cristo, por causa de la influencia del pecado (Ef 4:18), los ahora cristianos carecían del conocimiento y el discernimiento espirituales para hacer lo bueno (3:3a). Hacer lo malo, por implicación, fue producto de la ignorancia y la terquedad. Como consecuencia de este estado de alienación, todos menospreciaban el concepto de autoridad y no se sometían a ella, fuera ésta divina o humana. En una palabra, todos fueron "desobedientes" (3:3a) —pues, a veces, la ignorancia lleva a la rebelión o a la anarquía. Por ser fáciles víctimas del poder manipulador de la mentira, todos los ahora creyentes vivían extraviados; no caminaban por la senda verdadera y vagaban a la deriva. En vez de ser libres para actuar, vivían bajo el yugo opresor de los deseos carnales, y su meta era satisfacerlos plenamente (3:3b). Encontrándose en tal terrible condición, no es de extrañar que estas personas hubieran albergado sentimientos de "malicia" y "envidia" (3:3c), es decir, mala voluntad para con los demás y pensamientos egoístas ante la buena fortuna de otros. La degradación moral fue tal que no había lugar para el amor expresado en el fortalecimiento de las relaciones humanas sino sólo para el mutuo aborrecimiento (3:3d). Antes de la conversión a Cristo, el odio reinaba.

Pablo presenta una segunda razón que complementa a la primera y que refleja la esencia del evangelio (3:4-8). Muchos expertos creen que el lenguaje aquí empleado proviene de un credo o himno temprano. Aunque es posible que estas palabras sean una composición paulina original, no existe ningún texto paralelo en sus otras epístolas. De cualquier modo, el punto de este texto es que la santidad cristiana demostrada para con el estado y la sociedad se justifica porque Dios, por un acto de amor incondicional y de bondad (3:4), sacó a cada cristiano de las garras de esa pasada manera de vivir (3:3). La encarnación, la vida, la muerte y la resurrección de Cristo son eventos históricos que demuestran la aparición de esa gracia (cf. 2:11; cf. Jn 3:16; Ro 5:8). Dios es ejemplo de la bondad que sus hijos han de mostrar a diario. Esta realidad debe motivarlos a relacionarse con quienes no han conocido a Cristo.

Para realizar la tarea liberadora, Dios se valió de dos medios: el Espíritu Santo y el bautismo. Tal y como el Nuevo Testamento lo certifica (cf. Jn 3:3, 5; Ro 6:4; 1 P 1:3; cf. Hch 2:14-18), el Espíritu Santo es el autor de la regeneración y la renovación del cristiano (3:5b), y fue derramado en abundancia como muestra de gracia (3:6) —Dios no es mezquino. Dicho de otro modo, al Espíritu le debemos tanto la salvación como la santificación (cf. Ro 12:2; Ef 5:26-27). Las aguas del bautismo, aparte de mediar el arrepentimiento y de servir como un rito de identidad y transición, simbolizan la dádiva del Espíritu (3:5b; cf. Ef 5:26), una especie de Pentecostés (Hch 2: 1-40), a nivel más personal. Esta acción liberadora y transformadora de la que el apóstol habla a Tito no fue motivada por méritos humanos (3:5a). De hecho, ninguna acción o esfuerzo humano nos hizo dignos del acto salvador de Dios. Pasando por alto cualquier sanción que Dios bien pudiera haber aplicado, es su misericordia la que se lleva todo el crédito (cf. Ro 3:28; 4:4-5; 9:11-12; Gl 2:16-17; Ef 2:8-9; 2 Ti 1:9).

La justificación de los creyentes conecta el acto salvífico y restaurador de Dios en Cristo, en el pasado, con la ética presente. Pero el pasado y el presente confluyen en un mañana esperanzador. Oficialmente, Dios declaró justos o inocentes a los creyentes, con el propósito de que puedan experimentar la salvación totalmente una vez que sea consumada al final de la historia. La redención es realidad pasada, presente y futura; es un anticipo del porvenir. Una gran herencia, símbolo de riqueza y poder, aguarda a los creyentes (3:7; cf. 1:2; Ro cf. 1:2; 5:2-5). Aun la manera en que nos relacionamos con el orden temporal tiene justificación en la doctrina de la gracia (cf. 2:11-14).

Lo que Pablo ha desglosado en los vv. 4-7 no son principios teológicos que Pablo inventó o que está aplicando arbitrariamente. Son, más bien, el corazón del evangelio y la sana doctrina que lo interpreta. De ahí que el apóstol afirme enfáticamente que este mensaje es "verdadero" y, por lo tanto, "digno de confianza" (3:8a; cf. 1 Ti 1:15), es decir, de aceptación sin reserva alguna. Ésta es una técnica estilística que Pablo emplea cuando el caso así lo precisa (cf. 1Ti 1:15; 3:1; 4:9; 2 Ti 2:11). Aferrándose a la validez y a la fuerza de la fe cristiana resumida en los vv. 4-7, Tito debe recalcar dicho mensaje a todos los creyentes, de modo que todos practiquen "el bien" (3:8b), de lo cual la responsabilidad ciudadana es sólo una parte. A fin de cuentas, este curso de acción es moralmente correcto y noble, al mismo tiempo que promueve el bien común (3:8c). Éste es un mensaje para quienes piensan solamente en el bienestar de las iglesias.

2. *Estrategias para tratar con los errores doctrinales y sus maestros (3:9-11)*

Pablo entiende que la repetición de asuntos fundamentales para la fe cristiana nunca es en balde. Por el contrario, es una buena estrategia de persuasión que permite establecer la diferencia entre lo que es urgente y lo que no lo es. Además, lo que se dice una y otra vez no se olvida. Conociendo el valor de la repetición, Pablo le recuerda a Tito, una vez más, que debe velar para que sus instrucciones apostólicas se cumplan, particularmente, en hacer lo bueno (3:8a). Esto incluye lo que Pablo le ha encomendado a Tito en 3:1-7, lo que ha de mencionar en 3:9-11 y el contenido de toda la epístola. La situación crítica en la que las iglesias parecen encontrarse así lo exige.

Si hacer lo bueno es imperativo cristiano, Tito, como los demás creyentes, debe poner su granito de arena. En su caso particular, para hacer el bien, este joven ministro tiene que combatir todo aquello que contradiga las verdades teológicas y éticas desglosadas en esta carta. El tema no es nuevo, pero ya que las iglesias pueden dividirse a causa de la influencia negativa de los falsos maestros, vale la pena traerlo a colación una vez más (cf. 1:10-16; 1 Ti 1:4-7; 2 Ti 2:16-23). Para que Tito pueda tratar el asunto de los errores éticos y doctrinales, que son contrarios a todo lo bueno, es recomendable que Tito utilice dos acercamientos. En primer lugar, debe evadir aquellos temas que promuevan discusiones infructuosas y divisiones (3:9; cf. 1:9; 1 Ti 4:7; 2 Ti 2:16, 23), particularmente, temas relativos a las genealogías judaicas y la ley mosaica. Invertir tiempo en ellos no da por resultado la edificación de las comunidades de fe. La segunda estrategia consiste en seguir un proceso que lleve al saneamiento y la reintegración de quienes atenten contra la salud de las iglesias (3:10-11). Este proceso comienza con un par de amonestaciones. Pero, si estas no producen el resultado debido, se debe proceder al rechazo de esas personas, y hasta a su expulsión. Cuando se llega a este punto, no hay nada que hacer. La persona ha dado muestras de su perversidad y, como consecuencia de ello, es reo del juicio divino; Satanás ha ganado. Insistir más allá de lo establecido no es sólo una mala inversión de tiempo y energía, sino que daría pie a que la persona renuente crea que es más importante o digna de lo que en realidad es. Por amor a la mayoría en la iglesia, a veces, hay que tomar medidas drásticas. No obstante, el amor verdadero busca la restauración. Aunque no siempre sea posible lograrla, la unidad de la iglesia es un ideal por el que hay que luchar. Teológicamente, Cristo ya nos ha dado tal unidad. Corresponde a todo cristiano vivir conforme a este ideal y buscar la manera de lograrlo en cada época, circunstancia y cultura, siempre y cuando la esencia de la fe no se comprometa.

V. Conclusión (Tito 3:12-15)

A la exhortación final de Pablo a Tito (3:1-11), le siguen unos encargos personales de último momento (3:12-14). Pablo se despide enviando saludos como suele hacer en sus cartas (3:15). De esta manera, Pablo termina su carta pastoral a Tito, pero no sin impartir algunos principios teológicos y morales de relevancia para el lector contemporáneo.

1. Recomendaciones finales (3:12-14)

En la primera parte de su conclusión epistolar, Pablo le hace saber a Tito algunos de sus planes inmediatos y le comunica un puñado de peticiones al respecto. Primero, ya que por razones no explícitas Pablo ha decidido pasar el invierno en Nicópolis y, por causa de ello, no puede ir a ver a Tito, el apóstol ha decidido enviar a Artemas o a Tíquico a la isla de Creta, posiblemente, con el propósito de reemplazar a Tito. Aparte de esta referencia a Artemas, no sabemos nada de él; sólo podemos inferir que fue colaborador de Pablo en el ministerio. Tíquico, por otra parte, fue compañero de viaje de Pablo y un líder digno de confianza (cf. Hch 20:4; Ef 6:21-22; Col 4:7-9; 2 Ti 4:12). Tan pronto como uno de estos delegados llegue a Creta, Pablo espera que Tito vaya a verle en Nicópolis, posiblemente, antes del invierno de ese año, porque viajar por mar durante esa estación era prácticamente imposible debido a las malas condiciones climatológicas (cf. 2 Ti 4:21). El lugar en donde Pablo desea reencontrase con Tito es un puerto ubicado al norte de Creta, en la costa occidental de la provincia griega de Epiro, en el mar Adriático, en Grecia. Algunos sugieren que este puerto podría ser una especie de cuartel general desde donde el evangelio habría de ser llevado a la zona de Dalmacia, al norte de Nicópolis. Aunque desconocemos por qué el apóstol desea reencontrarse con Tito, podemos deducir que tenía una estrecha relación con su alumno, la cual quería fortalecer. No podría ser de otra manera, pues la relación entre un maestro y su discípulo debe siempre ser abierta, práctica y al punto, pero también fraternal. Este pasaje también sugiere que la labor de Tito en Creta era temporal y nos enseña la importancia del contacto personal y del trabajo en equipo. Además, todos éstos son planes futuros. Cuando Pablo escribe esta carta, nada de lo dicho aquí ha sucedido, y no podemos constatar si estos planes se cumplieron. Se cree que Pablo, posiblemente, estaba en la ciudad de Corinto, en la provincia de Acaya, en el sureste de Grecia.

El segundo plan viene acompañado de otra petición (3:13-14). Pablo ha enviado a Creta una delegación apostólica conformada por Zenas y Apolos, y desea que Tito y las iglesias los reciban con los brazos abiertos (3:13). Como Artemas y Tíquico (3:12), éstos son líderes prominentes del movimiento cristiano que necesitan pasar por Creta. El nombre de "Zenas" sólo aparece en el v. 13, en todo el Nuevo Testamento y, al igual que en el caso de Artemas (3:12), sólo podemos deducir del contexto que Zenas fue un líder exitoso y digno de confianza. Es posible que Zenas y Apolos hayan sido comisionados para llevarle la epístola a Tito. Apolos es más conocido. Pablo lo califica de "abogado" y, siendo judío helenista de Alejandría, es posible que haya sido experto en las leyes judías, aunque no se descarta la posibilidad de que haya tenido conocimiento de las leyes romanas o de ambas. Sabemos que Apolos recibió entrenamiento cristiano en la ciudad de Éfeso y realizó un buen trabajo en Corinto (Hch 18:24-28; 19:1; 1 Co 1:12; 3:4-6; 4:6; 16:12). Zenas y Apolos, como muchos en el Nuevo Testamento, son misioneros itinerantes que no pueden realizar su trabajo sin techo, comida, protección y recursos materiales y económicos (e.g., Hch 15:3; Ro 15:24; 1 Co 16:6; 2 Co 1:16; 3 Jn 5-8). Por eso, Pablo insiste en que Tito se asegure de que las comunidades de fe en Creta los traten como huéspedes de honor. Como ministro, Tito debe dar ejemplo, y también los otros pastores (1:8; 1 Ti 3:2). En tiempos antiguos, tanto en el Cercano Oriente como en el mundo grecorromano, la hospitalidad tuvo siempre un valor religioso y moral. Pero para los cristianos, en la práctica, esta virtud fue un factor que facilitó la predicación del evangelio en todos los pueblos hasta el punto que, en apenas cuatrocientos años, el cristianismo llegó a convertirse en la religión dominante del Imperio. Sin comunidades de fe dispuestas a abrir sus hogares, el movimiento cristiano no hubiese podido propagarse (cf. Ro 12:13; He 13:2; 1 Pe 4:9; 3 Juan). Pablo anima a Tito para que sea parte de ese proceso.

El apóstol no se conforma con esta última encomienda. Cree conveniente insertar una justificación para ésta (3:14). Según él, brindar hospitalidad a estos viajeros es un acto de bondad (3:14a) a que todos los creyentes han sido llamados, y las buenas acciones siempre deben caracterizar el diario vivir del creyente en Cristo, como ya se ha discutido en esta carta (1:8, 16; 2:3, 7, 14, 3:1, 8). Esta responsabilidad no descansa solamente sobre los hombros de Tito. La carga o el privilegio de servir es un deber compartido. Tito debe enseñar este principio de modo tal que todos puedan llevar vidas productivas (3:14b; cf. 1 Ti 2:10). La desidia y la pereza son vicios anticristianos. Debemos recordar que la bondad es uno de los tantos frutos del árbol de la fe salvadora y regeneradora. Para quienes creemos que el servicio es la fe puesta en acción, este consejo pastoral es tan vigente hoy como lo fue ayer.

2. Despedida (3:15)

Pablo termina su carta como suele hacerlo. Hace llegar un saludo fraternal a Tito e incluye en éste a sus compañeros de ministerio: Artemas, Tíquico, Zena, Apolos y otros. También aprovecha la coyuntura para saludar a los hermanos a quienes Tito pastorea (3:15a). Finalmente, comparte con Tito, y con las iglesias y sus líderes, mucho más que un saludo religioso epistolar: "¡Que el amor incondicional de Dios sea con todos!" (3:15b). Sin la gracia divina, nuestra fe, visión, misión y ministerio en el mundo carecerían de significado y de razón de ser. ¡Que la gracia de Dios sea con todos nosotros también, de modo tal que podamos amar y servir a nuestras iglesias y a nuestro pueblo!

Bibliografía selecta

Bustamante, Roberto E. *Primera carta a Timoteo*. Saint Louis, Missouri: Editorial Concordia, 2007.

_____. *Segunda carta a Timoteo*. Saint Louis, Missouri: Editorial Concordia, 2007.

Calvino, Juan. *Comentarios a las epístolas pastorales de San Pablo*. Grand Rapids, Michigan: T.E.L.L., 1968.

García-Viana, Luis Fernando. *Vivir en el mundo según las Cartas Pastorales*. Estudios Bíblicos 57 (1999): 311-29.

Martínez, Aquiles Ernesto. *Después de Damasco: el apóstol Pablo desde una perspectiva latina*. Nashville: Abingdon Press, 2003.

_____. *Introducción al Estudio del Nuevo Testamento*. Nashville: Abingdon Press, 2006.

Ramos, Marco Antonio. *I Timoteo, II Timoteo y Tito*. Miami, Florida: Editorial Caribe, 1992.

Tamez, Elsa. *Luchas de poder en los orígenes del cristianismo primitivo: Un estudio de la primera carta a Timoteo*. San José, Costa Rica: Departamento Ecuménico de Investigaciones, 2004.

_____. *I Timoteo: ¡qué problema!* Pasos 97 (2001): 1-9.

www.ingramcontent.com/pod-product-compliance
Lightning Source LLC
Chambersburg PA
CBHW072337300426
44109CB00042B/1664